Marlisa Szwillus

VEGETARISCHES IM WOK

Fotografie: Heinz-Josef Beckers

G|U

INHALTSVERZEICHNIS

Der Wok – ein Alleskönner

Der Wok, das wohl raffinierteste Universalkochgerät, wurde vor Urzeiten in China erfunden. Ursprünglich war die Eisenpfanne mit ihrem gewölbten Boden für offene Feuerstellen gedacht, später benutzte man sie für Herde mit einem Feuerloch. Das Geheimnis des Woks, die tiefe und fast halbrunde Form, entstand aus einer Notwendigkeit heraus. Lebensmittel und Brennstoff waren in China stets knapp. Um beides optimal zu nutzen, schneiden die Chinesen die wenigen Zutaten sehr klein. So sind einerseits nur eine kurze Garzeit und damit wenig Feuerholz nötig, andererseits werden die Gerichte dadurch voluminöser.

In der asiatischen Kochkultur spielt der Wok nach wie vor eine Hauptrolle, weil man in ihm braten, schmoren, dämpfen, fritieren, aber auch »normal« kochen, blanchieren und sogar räuchern kann. Auch in unserer modernen Küche ist das Multi-Talent nicht mehr wegzudenken. Selbst als Fonduetopf für eine fröhliche Gästerunde ist er gut geeignet. Im Prinzip ist nichts einfacher als das Garen im Wok.

Genuß und Wohlbefinden

Die asiatische Küche ist voll im Trend und gewinnt bei uns ständig neue Freunde. Denn sie vereint viele Vorteile: Beim Genuß kommt jeder voll auf seine Kosten, die Vielfältigkeit ist faszinierend, von der Optik her sieht alles farbenfroh und ganz besonders appetitlich aus, und der überwiegende Anteil an vegetarischen Gerichten entspricht unserem stetig wachsenden Bedürfnis nach Wohlbefinden, Gesundheit und einer bewußten Auswahl der Lebensmittel.

Mit der fernöstlichen Küche ist der Wok wegen seiner schnellen und gesunden Garmethoden untrennbar verbunden. In ihm kann man natürlich nicht nur asiatisch kochen, denn was Sie sonst an Gerichten in Kochtopf oder Bratpfanne garen, gelingt im Wok ebenso vorzüglich. Vieles aus der heimischen und internationalen Küche läßt sich in diesem Allround-Topf sogar einfacher und schonender zubereiten.

Moderne Woks

Anders als in Asien sind unsere Küchen überwiegend mit Elektroherden ausgestattet. Deshalb sind bei uns die Wokböden nicht gewölbt, sondern flach und plangeschliffen. Auf Gasherden können Sie auch im klassischen Wok aus Eisen oder Aluminium garen. Ein spezieller Stellring sorgt dabei für Standfestigkeit und den richtigen Abstand zur Flamme.

Woks werden in vielen unterschiedlichen Materialien und Modellen angeboten, die Wahl ist letztlich eine Geldfrage. Manche Woks sind beschichtet, damit nichts ansetzt. Ein Wok soll die Wärme schnell aufnehmen und optimal verteilen. Diese Eigenschaften garantieren Geräte aus Gußeisen, emailliertem Gußeisen, Edelstahl oder Kupfer. Unverzichtbar ist ein hochgewölbter Deckel, den man zum Schmoren, Dämpfen und zum Warmhalten der Gerichte braucht. Sogenannte Party-Woks – multifunktional als Wok, Fondue und Grill kombiniert – sind elektro- oder gasbeheizt oder mit Rechaud und Brenner ausgerüstet. In ihnen kann man auch gleich am Tisch brutzeln.

Je größer, desto besser

Zum Zubereiten von 4 Portionen brauchen Sie einen Wok mit mindestens 30 bis 35 cm Durchmesser. Bei dieser Größe haben Sie genug Platz zum Verteilen der Zutaten, so daß alles gleichmäßig garen kann. In kleineren Woks, mit einem Durchmesser von 25 bis 28 cm, können Sie nur 1 bis 2 Portionen optimal garen. Für eine größere Menge sollten Sie das Gericht dann auf jeden Fall in zwei Etappen zubereiten. Wenn Sie einen neuen Wok kaufen, entscheiden Sie sich am besten für einen großen, der ist auch ideal für kleinere Mengen.

Umgang & Pflege

Vor dem ersten Gebrauch den Wok mit heißem Wasser und etwas Spülmittel auswaschen, abtrocknen, gut einölen und kurz erhitzen. Halten Sie sich auf jeden Fall an die mitgelieferten Gebrauchsanleitungen. Eisen- und Gußeisenwoks müssen zum Beispiel nach jeder Benutzung mit Öl ausgerieben werden, damit sich kein Rost ansetzen kann. Beschichtete Geräte und solche aus Edelstahl sind pflegeleichter, hier genügt spülen.

Nützliches Zubehör

Die meisten Woks werden gleich mit Zubehör verkauft. Die einzelnen Teile bekommen Sie aber auch separat im Haushaltswarengeschäft oder Asienshop.

Halbrundes Abtropfgitter: Es wird am Wokrand eingehängt. Man kann darauf Fritiertes abtropfen lassen, kleine Mengen dämpfen oder Zutaten warm halten.

Pfannenwender mit abgerundeter Vorderkante: Seine Rundung paßt sich der Wokwölbung an, so lassen sich die Zutaten gut fassen und umherwirbeln.

Siebkelle: Ideal, um große Zutatenstücke aus der Sauce oder Fritiertes aus dem Fett zu heben.

Siebeinsatz oder Dampfkörbchen: Praktisches Requisit (aus Metall oder Bambus) zum nährstoffschonenden Dämpfen (siehe auch Seite 62).

Blitzschnell gewirbelt

Pfannenrühren

So nennt man das Braten im Wok. Es ist eine typisch asiatische Garmethode, bei der Schnelligkeit und ständige Kontrolle Voraussetzung sind. Zunächst wird der trockene Wok erhitzt, dann erst gibt man eine kleine Menge Fett hinein und brät darin die Zutaten bei starker Hitze unter stetigem Herumwirbeln. Dabei kommen sie in schnellem Wechsel mit dem sehr heißen Boden und den warmen Wokwänden in Berührung, sie garen so gleichmäßig und blitzschnell.

Organisation ist alles

Während des Bratens, das selten mehr als 5 bis 10 Minuten dauert, sind Sie unablässig mit Rühren und Wenden beschäftigt und haben für nichts anderes Zeit. Deshalb sollten Sie vorher alles fix und fertig vorbereiten: Zutaten kleinschneiden, Gewürze bereitstellen und Flüssigkeiten abmessen. Auch die Beilagen sollten schon parat stehen.

Vorbereiten des Woks

Der Wok muß genügend heiß sein, damit die Oberflächen der Zutaten möglichst schnell verschlossen werden und kein Zellsaft entweichen kann. Dazu den Wok zunächst leer aufheizen. Mit der Wassertropfen-Probe können Sie feststellen, ob er heiß genug ist: Ein paar Tropfen auf den Wokboden spritzen. Verzischen sie, ist er noch nicht heiß genug. Bilden sich aber kleine »tanzende« Wasserkugeln, ist der richtige Zeitpunkt erreicht. Danach den Wok mit Speiseöl mit Küchenpapier oder einem Pinsel vorsichtig ausreiben, so daß später beim Pfannenrühren nichts am Boden und an den Wänden »hängenbleiben« kann. Erst jetzt das eigentliche Bratöl hineingeben und bis knapp unter den Rauchpunkt erhitzen.

Wirbeln im Wok

Beim Braten immer mit der oder den Zutaten beginnen, die die längste Garzeit haben. Das sind beim Gemüse zum Beispiel Möhren und Knollensellerie. Zarteres wie Erbsen und Kohlrabi kommt erst später dazu und Wasserreiches wie Tomaten ganz zum Schluß. Wichtig: Alles unermüdlich von innen nach außen rühren. Das erste Gemüse anbraten, nicht bräunen und ringförmig an den Pfannenrand hochschieben, quasi zum Warmhalten. Dann die nächste Zutat hineingeben, anbraten, mit der ersten vermischen und wieder alles an den Rand schieben, und so weiter. Wichtig ist, daß die Gemüsemenge im Wok immer nur so groß ist, daß die Stückchen nebeneinander und nicht aufeinander liegen, da sie sonst nicht richtig braten und Wasser ziehen. Bei einem kleineren Wok oder einer größeren Menge das Gemüse auf jeden Fall portionsweise braten, herausnehmen und warm stellen. Zuletzt werden alle Zutaten wieder im Wok verrührt, eventuell mit etwas Flüssigkeit vermischt und gewürzt. Fertig!

Gesund und delikat

Durch die kurzen Garzeiten bleibt alles erhalten, was an frischem Gemüse so geschätzt wird: Aroma, Farbe und die knackige Konsistenz. Alles ist bekömmlich, Vitamine und Mineralstoffe werden geschont. Zudem kommt man mit einem Minimum an Fett aus. Durch das schnelle Anrösten bekommt Gemüse einen aparten Geschmack: Die enthaltene Stärke verwandelt sich in Zucker und karamelisiert. Bei Zwiebeln und Möhren wird das besonders deutlich.

Tips zum Braten im Wok

- Verwenden Sie zum Pfannenrühren, wenn im Rezept nichts anderes angegeben ist, am besten hocherhitzbare Fette wie geschmacksneutrales Sonnenblumen-, Maiskeim- oder Sojaöl. Oder aromatisches Erdnußöl oder auch Butterschmalz. Kaltgepreßte Öle sind für diese hohen Temperaturen ungeeignet.

- Beim Pfannenrühren auf einem Elektroherd ist es wegen der trägen Hitzeregulierung empfehlenswert, ausnahmsweise auf zwei Platten zu arbeiten – eine mit hoher und eine mit niedriger Temperatur. So können Sie schnell wechseln und haben immer die richtige Hitze.

- Stellen Sie beim Pfannenrühren immer ein Schüsselchen mit Wasser neben den Herd. Wenn Sie das Gefühl haben, daß beim Braten besonders großer Mengen die Zutaten an den Wokwänden leicht antrocknen, besprenkeln Sie sie mit ein klein wenig Wasser.

Praktisch portionieren

Beim Pfannenrühren braucht man oft nur sehr kleine Mengen Flüssigkeit zum Ablöschen. Das kann Wasser, Wein, Kokosmilch, fertige Würzsauce oder Gemüsebrühe sein. Bei der Brühe können Sie entscheiden, ob Sie eine Instantbrühe, einen Gemüsefond aus dem Glas oder eine selbstgemachte Gemüsebrühe (Rezept Seite 27) verwenden.

Selbstgemachte Brühe läßt sich in so kleinen Portionen natürlich nicht zubereiten, deshalb lohnt es sich, eine größere Menge vorzubereiten und einzufrieren. Eine gute Dosiermöglichkeit für solche Mini-Mengen bieten Eiskugel-Beutel. Einfach die erkaltete Brühe in Beutel füllen und einfrieren. Im Bedarfsfall die erforderliche Menge auftauen. Nicht nur Brühe, auch Wein oder Kokosmilch können in den Beuteln in kleinsten Mengen eingefroren werden – und halten sich bis zu sechs Monaten.

Zutaten für je 4 Personen

Kräutertomaten auf Hirse
500 g Hirse
Salz
1 kg reife Fleischtomaten
4 Schalotten
2 Knoblauchzehen
4 Stangen Staudensellerie
je 1 Bund Petersilie und Basilikum
3 Eßl. Olivenöl
1/4 Teel. Zucker
1 Eßl. Aceto Balsamico (Balsamessig)
Pfeffer
50 g frisch gehobelter Granakäse (oder Parmesan)

Zubereitungszeit: etwa 35 Minuten

Rührei mit Mango
1 reife Mango (etwa 500 g)
2 Frühlingszwiebeln
8 Eier
2–3 Eßl. helle Sojasauce
1 Teel. Sesamöl
2 Eßl. Öl
ein paar Salatblätter

Zubereitungszeit: etwa 20 Minuten

Kräutertomaten auf Hirse

Preiswert • Im Bild

• Die Hirse mit 700 ml Wasser und etwas Salz in einem Topf aufkochen lassen und zugedeckt bei schwacher Hitze in etwa 25 Minuten garen.

• Inzwischen die Tomaten überbrühen, häuten und ohne die Stielansätze grob hacken. Schalotten und Knoblauch schälen und würfeln. Sellerie putzen und in dünne Scheiben schneiden. Die Kräuter waschen, die Blättchen fein schneiden.

• Zuerst den Wok und dann darin das Öl erhitzen. Das Gemüse bei starker Hitze 5–7 Minuten unter ständigem Rühren braten. Kräuter, Zucker und Essig unterrühren. Die Tomaten mit Salz und Pfeffer abschmecken. Auf der Hirse anrichten und mit Käse bestreuen.

Pro Portion etwa: 2570 kJ/615 kcal

Rührei mit Mango

Schnell • Fernöstlich

• Die Mango schälen, das Fruchtfleisch in großen Spalten vom Stein und dann in kleine Stücke schneiden. Die Frühlingszwiebeln putzen und in hauchfeine Ringe schneiden.

• Die Eier verquirlen, Mango dazugeben, mit Sojasauce und Sesamöl würzen. Die Zwiebeln unterrühren.

• Zuerst den Wok und dann darin das Öl erhitzen. Die Eimasse hineingießen und bei schwacher Hitze unter Rühren zu einer cremigen Masse stocken lassen. Auf den Salatblättern anrichten. Dazu passen scharfe Dips (Fertigprodukt) und ein gemischter Blattsalat.

Pro Portion etwa: 990 kJ/235 kcal

Buddha-Gemüse

Aus China • Dekorativ

Zutaten für 4 Personen

10 g getrocknete Mu-Err-Pilze
3 Eßl. helle Sojasauce
2 Eßl. Reiswein (oder trockener Sherry)
50 ml Gemüsebrühe (oder Wasser)
1 Messerspitze Zucker
1 Möhre
1 kleine rote Paprikaschote
150 g Chinakohl
200 g Broccoli
200 g Baby-Maiskölbchen (frisch oder aus dem Glas)
100 g Zuckerschoten
100 g Champignons
2 Knoblauchzehen
1 Stück frischer Ingwer (etwa 1 cm)
100 g Bambussprossen
3 Eßl. Öl
1 Eßl. Sesamöl
1–2 getrocknete Chilischoten
1 Bund Koriandergrün (Asienladen)
Salz
Pfeffer

Zubereitungszeit: etwa 45 Minuten

• Die getrockneten Pilze mit kochendem Wasser übergießen und etwa 30 Minuten einweichen. Inzwischen Sojasauce, Reiswein, Gemüsebrühe und Zucker verquirlen.

• Alle Gemüse waschen beziehungsweise putzen. Möhre, Paprikaschote und Chinakohl in Streifen schneiden. Broccoli in möglichst kleine Röschen teilen, die Stiele schälen und kleiner schneiden. Die Maiskölbchen längs halbieren, die Zuckerschoten entfädeln und die Champignons vierteln.

• Knoblauch und Ingwer schälen und fein würfeln. Bambussprossen in feine Streifen schneiden. Die eingeweichten Pilze in einem Sieb abspülen und grob hacken.

• Zuerst den Wok und dann darin beide Ölsorten erhitzen. Zuerst Knoblauch, Ingwer und die zerbröselten Chilischoten darin unter ständigem Rühren anbraten. Dann Broccoli, Möhre, Maiskölbchen und Mu-Err-Pilze darin unter weiterem Rühren etwa 3 Minuten scharf anbraten.

• Zum Schluß Champignons, Paprikaschote, Zuckerschoten und Bambussprossen etwa 2 Minuten mitbraten. Mit der flüssigen Gewürzmischung ablöschen, aufkochen lassen und unter ständigem Rühren bei mittlerer Hitze weiterbraten, bis die Gemüse gar, aber noch knackig sind. Koriander waschen, die Blättchen abzupfen und unterheben. Das Gemüse mit Salz und Pfeffer abschmecken. Dazu paßt Kleb- oder Patnareis.

Pro Portion etwa: 785 kJ/190 kcal

Tips

Zusätzlich 150 g Tofu würfeln und mitbraten.

Die Gemüsesorten lassen sich ganz nach Geschmack austauschen. Das Gemüse muß nur einheitlich kleingeschnitten werden, damit es schön gleichmäßig gart.

Süß-saure Gemüsepfannkuchen

Braucht etwas Zeit • Gelingt leicht

• Für die Pfannkuchen Eier, Mehl, 1/2 Teelöffel Salz und Milch miteinander glattrühren. Soviel Mineralwasser hinzufügen, daß ein dünner Teig entsteht, zugedeckt etwa 30 Minuten quellen lassen.

• Inzwischen das Gemüse waschen und putzen. Kohlrabi in Stifte, Frühlingszwiebeln in Stücke und Paprikaschote in Streifen schneiden. Bohnensprossen waschen, Maiskölbchen abtropfen lassen. Knoblauch und Ingwer schälen, beides fein hacken.

• Zuerst den Wok und dann 2 Eßlöffel Öl darin erhitzen. Knoblauch und Ingwer im Fett anbraten. Das Gemüse darin unter ständigem Rühren 4 Minuten braten. Sojasauce, Essig, Zucker und Brühe dazugeben, kurz einköcheln lassen und mit Salz und Pfeffer abschmecken. Das Gemüse aus dem Wok nehmen und zugedeckt warm stellen. Den Wok säubern.

• Für die Pfannkuchen das Öl im Wok erhitzen. Nacheinander darin bei mittlerer Hitze aus je 1 kleinen Kelle Teig 8 goldgelbe Pfannkuchen backen, dabei den Teig vor dem Wenden mit etwas Sesam bestreuen. Gebackene Pfannkuchen warm stellen. Zum Schluß das Gemüse auf den Pfannkuchen verteilen, umklappen und mit dem übrigen Sesam bestreuen.

Pro Portion etwa: 2370 kJ/565 kcal

Tip

Damit alle Pfannkuchen warm bleiben, am besten den Backofen auf 100° vorheizen. Fertig gebackene Pfannkuchen auf eine ofenfeste Platte stapeln, abdecken und im Backofen warm halten.

Zutaten für 4 Personen

Für die Pfannkuchen:
4 kleine Eier
250 g Mehl
Salz
350 ml Milch
100–150 ml Mineralwasser
2 Eßl. Öl
50 g Sesamsamen

Für das Gemüse:
400 g Kohlrabi
1 Bund Frühlingszwiebeln
1 rote Paprikaschote
150 g frische Bohnensprossen
8–10 Maiskölbchen (aus dem Glas)
1 Knoblauchzehe
1 Stück frischer Ingwer (etwa 3 cm)
2 Eßl. Öl
4 Eßl. helle Sojasauce
4–5 Eßl. Weißweinessig
1 gehäufter Eßl. Zucker
1/8 l Gemüsebrühe
Salz
Pfeffer

Zubereitungszeit: etwa 50 Minuten

Zutaten für je 4 Personen

Gemüsecurry
800 g frisches gemischtes Gemüse (nach Jahreszeit)
1 Zwiebel
1–2 Knoblauchzehen
1 Eßl. Öl
400 ml ungesüßte Kokosmilch (aus der Dose)
1 Eßl. grüne Thai-Currypaste (Asienladen)
1/2 Teel. Palmzucker (oder brauner Zucker)
Salz
helle Sojasauce
Pfeffer
1 Bund Thai-Basilikum (oder Koriandergrün; Asienladen)

Zubereitungszeit: etwa 30 Minuten

Gebratene Artischocken
500 g festkochende Kartoffeln
1 Tomate
6–7 kleine Artischocken (Carciofini)
4 Eßl. Olivenöl
1 Eßl. Zitronensaft
Salz
Pfeffer
1 Eßl. Schnittlauchröllchen

Zubereitungszeit: etwa 35 Minuten (+ Auskühlzeit: am besten über Nacht)

Gemüsecurry

Aus Thailand • Scharf

• Das Gemüse putzen und in dekorative, mundgerechte Stücke schneiden. Zwiebel und Knoblauch schälen und fein hacken.

• Zuerst den Wok und dann darin das Öl erhitzen. Zwiebel und Knoblauch im Fett anbraten. 1 Tasse Kokosmilch und die Currypaste einrühren und köcheln lassen, bis sich das Öl an der Oberfläche absetzt. Die restliche Kokosmilch, den Zucker, etwas Salz und Sojasauce einrühren. Das Gemüse hinzufügen und bei mittlerer Hitze unter Rühren so lange garen, bis es weich ist, aber noch Biß hat.

• Das Gemüsecurry mit Salz und Pfeffer abschmecken. Die Kräuterblättchen von den Stengeln zupfen und unterheben. Dazu schmeckt thailändischer Duftreis.

Pro Portion etwa: 1645 kJ/395 kcal

Gebratene Artischocken

Raffiniert • Im Bild

• Die Kartoffeln am Vortag ungeschält in wenig Wasser garen.

• Die Kartoffeln pellen und würfeln. Die Tomate überbrühen, häuten und ohne Stielansatz und Kerne würfeln. Von den Artischocken die äußeren, harten Blätter entfernen und die Stiele herausbrechen. Artischocken längs in sehr dünne Scheiben schneiden.

• Zuerst den Wok und dann darin 3 Eßlöffel Öl erhitzen. Die Artischocken im heißen Fett unter ständigem Rühren von beiden Seiten goldbraun braten. Mit Zitronensaft, Salz und Pfeffer würzen, herausheben und warm stellen.

• Restliches Öl im Wok heiß werden lassen. Die Kartoffeln unter Wenden darin knusprig braten, salzen und pfeffern. Artischocken kurz miterhitzen. Das Ganze mit Schnittlauch und Tomatenwürfeln bestreuen.

Pro Portion etwa: 915 kJ/220 kcal

Wirsing in Kokosmilch

Raffiniert • Im Bild

• Den Wirsing putzen, vierteln, waschen und in fingerbreite Streifen schneiden. Zwiebeln und Knoblauch schälen und hacken. Die Chilischote putzen, entkernen und in sehr feine Streifen schneiden.

• Zuerst den Wok und dann darin das Öl erhitzen. Den Wirsing darin unter ständigem Rühren 5 Minuten braten. Zwiebeln, Knoblauch und Chilischote hinzufügen und weitere 2 Minuten unter Rühren mitbraten.

• Die Kokosmilch angießen. Zitronenschale und etwas Salz hinzufügen. Alles bei mittlerer Hitze unter gelegentlichem Rühren fertiggaren, bis der Kohl weich ist, aber noch Biß hat. Mit Salz und Pfeffer abschmecken. Das Kokosfleisch auf dem Gurkenhobel dünn schneiden. Die Späne oder die Kokosraspel über den Wirsing streuen. Reichen Sie dazu Duft- oder Basmatireis.

Pro Portion etwa: 1545 kJ/370 kcal

Pilzpfanne

Schnell • Gelingt leicht

• Die Pilze putzen, nur falls nötig, kurz waschen und in dünne Scheiben schneiden. Den Staudensellerie putzen, waschen und in etwa 1 cm breite Stücke schneiden, ein paar schöne Blättchen beiseite legen. Die Zwiebel schälen und fein würfeln.

• Zuerst den Wok und dann darin das Öl erhitzen. Die Zwiebel im Fett glasig braten. Pilze dazugeben und bei starker Hitze unter ständigem Rühren so lange braten, bis alle Flüssigkeit aus dem Wok verdampft ist.

• Staudensellerie untermischen. Zerdrückte Korianderkörner und Zitronensaft dazugeben. Alles noch etwa 2 Minuten pfannenrühren. Brühe und Sahne angießen und einmal kräftig aufkochen lassen. Die Pilze mit Pfeffer und Salz abschmecken und mit grobgehackten Sellerieblättchen bestreuen. Dazu schmeckt Kartoffelpüree oder kräftiges Brot.

Pro Portion etwa: 1070 kJ/255 kcal

Zutaten für je 4 Personen

Wirsing in Kokosmilch

1 Wirsing (etwa 800 g)
2 Zwiebeln
1–2 Knoblauchzehen
1 frische rote Chilischote
3 Eßl. Öl
400 ml ungesüßte Kokosmilch (aus der Dose)
1/2 Teel. abgeriebene unbehandelte Zitronenschale
Salz
Pfeffer
50 g frische Kokosnuß am Stück (oder Kokosraspel)

Zubereitungszeit: etwa 35 Minuten

Pilzpfanne

500 g gemischte Pilze (Champignons, Egerlinge, Austernpilze, Pfifferlinge)
250 g Staudensellerie
1 Zwiebel
2 Eßl. Öl
6 Korianderkörner
1–2 Eßl. Zitronensaft
50 ml Gemüsebrühe
100 g Sahne
Pfeffer
Salz

Zubereitungszeit: etwa 30 Minuten

Zutaten für je 4 Personen

Grüner Spargel
12 g getrocknete Mu-Err-Pilze
750 g grüner Spargel
2 Knoblauchzehen
1 Stück frischer Ingwer (etwa haselnußgroß)
4 Eßl. Öl
100 ml Gemüsebrühe
1 Eßl. helle Sojasauce
2 Eßl. Weißweinessig
1 Teel. Sesamöl
Salz
Pfeffer
2 Eßl. Schnittlauchröllchen

Zubereitungszeit: etwa 40 Minuten

Couscous
Salz
400 g Couscous (vorgekocht)
50 g Rosinen
250 g Schmand (ersatzweise Crème fraîche)
Cayennepfeffer
2 rote Paprikaschoten
2 Zwiebeln
2 kleine Zucchini
1/2 Bund Petersilie
50 g geschälte Mandeln
3 Eßl. Olivenöl
100 ml Gemüsebrühe
2–3 Eßl. Zitronensaft
Pfeffer

Zubereitungszeit: etwa 35 Minuten

Grüner Spargel mit Mu-Err-Pilzen

Für Gäste • Im Bild

• Die getrockneten Pilze mit kochendem Wasser übergießen und etwa 30 Minuten einweichen. Inzwischen den Spargel nur im unteren Drittel schälen, schräg in etwa 4 cm lange Stücke schneiden. Knoblauch und Ingwer schälen und fein hacken.

• Zuerst den Wok und dann 2 Eßlöffel Öl darin erhitzen. Den Knoblauch im Öl goldbraun rösten, herausheben und beiseite stellen. Das übrige Öl in den Wok geben. Spargelstücke darin unter ständigem Rühren 5 Minuten braten. Die Pilze abgießen, kurz abspülen und in große Stücke zupfen. Mit dem Ingwer in den Wok geben und kurz mitbraten. Die Brühe angießen und den Spargel zugedeckt bei mittlerer Hitze in 2–3 Minuten knapp weich garen.

• Sojasauce, Essig und Sesamöl verrühren, über den Spargel gießen, mit Salz und Pfeffer abschmecken. Gerösteten Knoblauch und Schnittlauch obenauf streuen.

Pro Portion etwa: 555 kJ/135 kcal

Couscous mit Gemüse

Orientalisch • Raffiniert

• 400 ml leicht gesalzenes Wasser aufkochen lassen. Den Couscous damit übergießen, zugedeckt quellen lassen, bis das Wasser aufgesogen ist. Die Rosinen ebenfalls einweichen.

• Inzwischen den Schmand mit Cayennepfeffer würzen. Das Gemüse waschen und putzen. Paprikaschoten in Streifen, Zwiebeln in Ringe schneiden. Zucchini längs vierteln und in 2 cm lange Stücke schneiden. Petersilienblättchen abzupfen, Mandeln grob hacken.

• Den Wok erhitzen und die Mandeln darin ohne Fett goldgelb anrösten, herausnehmen. Das Öl im Wok heiß werden lassen und das Gemüse darin unter ständigem Rühren anbraten. Brühe angießen, den Couscous auflockern und mit den abgetropften Rosinen unterheben. Alles zusammen unter Rühren in etwa 5 Minuten heiß werden lassen. Mit Zitronensaft, Salz und Pfeffer abschmecken, Mandeln und Petersilie unterheben. Den Schmand dazu servieren.

Pro Portion etwa: 2285 kJ/550 kcal

Zutaten für je 4 Personen

Ricottaschmarrn
4–5 reife Kiwis
1–2 Eßl. Zitronensaft
4–5 Eßl. Zucker
4 Eier
1 Prise Salz
1 Teel. abgeriebene unbehandelte Zitronenschale
75 ml Milch
100 g Mehl
2 Eßl. gehackte Mandeln
250 g weicher Ricotta (ersatzweise Mascarpone)
2 Eßl. Butter
Puderzucker zum Bestäuben

Zubereitungszeit: etwa 30 Minuten

Obstsalat
1 Banane
1 rotschaliger Apfel
1 feste Birne
1 Orange
2 Kiwis
je 100 g weiße und blaue Weintrauben
300 g Ananas
1 Zweig Zitronenmelisse
50 g Zucker
3 Eßl. Zitronensaft
50 g Walnußkerne

Zubereitungszeit: etwa 30 Minuten

Ricottaschmarrn mit Kiwipüree

Raffiniert • Schnell

• Die Kiwis schälen, würfeln, pürieren und mit Zitronensaft und, falls nötig, etwas Zucker abschmecken. Das Kiwipüree zugedeckt kalt stellen.

• 2 Eier trennen. 2 ganze Eier mit 2 Eigelben kräftig verrühren. Restlichen Zucker, Salz und Zitronenschale hinzufügen. Nach und nach Milch, Mehl, Mandeln und Ricotta unterrühren. Die Eiweiße zu steifem Schnee schlagen und locker unter den Teig heben.

• Zuerst den Wok erhitzen und dann darin bei mittlerer Hitze die Butter zerlassen. Den Teig hineinfüllen und die untere Seite hellgelb anbräunen. Danach vierteln und mit zwei Gabeln in Stücke zupfen. Die Teigstückchen unter ständigem Wenden goldgelb und knusprig braten. Mit Puderzucker bestäuben und mit Kiwipüree servieren.

Pro Portion etwa: 1935 kJ/460 kcal

Tip

Statt Kiwipüree ein Himbeerpüree aus 250–300 g Beeren dazu reichen.

Karamelisierter Obstsalat

Schnell • Im Bild

• Die Banane schälen und in Scheiben schneiden. Den Apfel waschen, vierteln, entkernen und mit Schale in Spalten schneiden. Die Birne waschen, schälen, vierteln, entkernen und würfeln. Orange und Kiwis schälen, Orangenfilets aus den Häutchen lösen, Kiwis würfeln. Die Trauben waschen, halbieren und entkernen. Die Ananas schälen, das Fleisch in kleine Stücke schneiden. Die Kräuterblättchen feinstreifig schneiden.

• Den Wok erhitzen und darin den Zucker bei mittlerer Hitze unter ständigem Rühren goldgelb karamelisieren. Den Zitronensaft kräftig unterrühren.

• Das Obst und die Nüsse darin unter ständigem Wenden erwärmen. Zum Servieren mit Melisseblättchen bestreuen. Wer mag, reicht dazu noch Zitronenquark oder Vanilleeis.

Pro Portion etwa: 865 kJ/205 kcal

Tip

Servieren Sie den Salat in ausgehöhlten Ananashälften.

DECKEL drauf

Schmoren

Geschmort wird dann im Wok, wenn das blitzschnelle Pfannenrühren zum Garen nicht ausreicht. Bei dieser Methode werden die Zutaten in wenig Fett kurz angebraten, gewürzt, mit Flüssigkeit abgelöscht und bei schwacher Hitze fertiggegart. Das gut leitende Material des Woks speichert die Hitze und gibt sie gleichmäßig an die Zutaten ab. Die Garzeit kann von 3 bis zu 30 Minuten betragen. Weil selbst eine halbe Stunde immer noch schnell ist, spricht man auch vom Kurzschmoren.

Mit oder ohne Deckel?
Wird das Gericht ohne Deckel fertiggeschmort, reduziert sich die Flüssigkeit, das Ganze wird sämiger und schmeckt würziger. Wird zugedeckt gegart, ist es fürs Gelingen wichtig, daß der Wokdeckel gut schließt. Am besten ist ein gewölbter Deckel, denn an ihm läuft das Kondenswasser seitlich ab und tropft nicht von oben auf das Gericht. Bei einer Garzeit von mehr als 5 Minuten sollten Sie während des Schmorens ein paarmal umrühren, damit nichts anhängt.

Geeignetes Gemüse
Gemüsesorten mit einer festeren Struktur wie beispielsweise Möhren, Sellerie, Zwiebeln, Lauch, Fenchel, Rosenkohl, Rotkohl oder Grünkohl eignen sich gut zum kurzen Schmoren. Gewürze haben dabei auch genügend Zeit, ihre Aromen voll zu entfalten und sich mit dem Gemüse zu verbinden.

Kleine Portionen
Das Gemüse muß zum Anbraten trocken sein (eventuell nach dem Schneiden noch mit Küchenpapier trockentupfen), damit das Fett im Wok nicht spritzt. Gemüse am besten nach Sorten getrennt nacheinander in mehreren Portionen anbraten. Geben Sie alles auf einmal in den Wok, kühlt das Fett ab, der Gemüsesaft tritt aus, und das Ganze köchelt mehr, als es brät.

Sparsam mit Salz und Pfeffer
Schmecken Sie ein Schmorgericht erst am Schluß mit Salz und Pfeffer ab. Wenn Sie schon vorher kräftig würzen, kann der Geschmack durch das Verdunsten von Flüssigkeit zu intensiv werden.

Schmorflüssigkeiten
Als Schmorflüssigkeit leistet Wasser gute Dienste. Würziger schmecken Gemüsebrühe (Grundrezept rechte Spalte), Gemüsesäfte, Joghurt, Rot-, Weiß- oder Apfelwein oder eine Mischung aus Brühe und Wein. Der Alkohol verdunstet während des Garens, das Aroma aber bleibt.

Asiatische Gewürze
Ein paar Rezepte dieses Kapitels werden mit typischen Gewürzen aus Asien zubereitet.

• Chilischoten haben stets eine feurige Schärfe, frische ebenso wie getrocknete. Je kleiner die Exemplare, desto schärfer sind sie. Der ebenfalls scharfe Cayennepfeffer wird aus gemahlenen Chilischoten hergestellt.

• Ingwer ist eine Wurzelknolle mit kräftigem Aroma und leichter Schärfe. Sie ist frisch, wenn sie eine pralle und glatte Schale hat.

• Currypulver ist eine Gewürzmischung aus bis zu 36 verschiedenen Zutaten, die in Indien für jedes Gericht speziell zusammengestellt und frisch zubereitet wird. Wir können sie überwiegend fertig kaufen. Je nach Zusammensetzung sind die Mischungen im Geschmack eher mild oder eher scharf.

• Currypaste erhalten Sie im Asienladen in verschiedenen Zusammensetzungen. Im Kühlschrank hält sie sich mehrere Monate.

• Kreuzkümmel ist Bestandteil fast aller Currymischungen. Er hat nichts mit europäischem Kümmel zu tun und paßt besonders gut zu Gemüse.

• Kurkuma wird auch Gelbwurz genannt. Das gelb-orangefarbene Fleisch der Pflanze wird bei uns fast nur als Pulver angeboten. Man nimmt es, um Gerichten einen schönen satten Goldton zu verleihen.

• Koriandergrün wird auch als chinesische Petersilie oder Cilantro verkauft. Das aromatische Küchenkraut hat einen unverwechselbaren Geschmack. Sie erhalten es auf jeden Fall im Asienladen.

Gemüsebrühe – Grundrezept

Zutaten für 1/2–3/4 l:
2 Möhren
2 Stangen Lauch
1 Zwiebel
4–6 frische Champignons
1/2 Sellerieknolle
2 Eßl. Butter
1 Lorbeerblatt
4 schwarze Pfefferkörner
1 Teel. helle Sojasauce
1 1/2 l Wasser
5–6 Petersilienstengel

Das Gemüse putzen, kurz waschen und in kleine Stücke schneiden. Die Butter in einem Suppentopf schmelzen lassen. Möhren, Lauch, Zwiebel und Champignons darin hellbraun anrösten. Alle übrigen Zutaten hinzufügen, aufkochen und zugedeckt 1 Stunde köcheln lassen. Die Brühe durch ein Sieb in einen zweiten Topf gießen und ohne Deckel auf die Hälfte einkochen lassen. Die Gemüsebrühe nicht salzen. Sie können sie je nach Saison und Angebot variieren.

Die Brühe hält sich gut verschlossen im Kühlschrank bis zu 3 Tagen, Sie können sie auch einfrieren.

Zutaten für je 4 Personen

Rotkohl mit Gorgonzola
1 kleiner Rotkohl (etwa 800 g)
3 Orangen
2 Eßl. Essig
Salz · Pfeffer
1 Bund Frühlingszwiebeln
2 Eßl. Butterschmalz
5 Eßl. Sahne
200 g Gorgonzola (oder anderer Edelpilzkäse)

Zubereitungszeit: etwa 55 Minuten

Geschmorter Mangold
800 g Mangold
500 g festkochende Kartoffeln
1 Zwiebel
2 Knoblauchzehen
5 Eßl. Olivenöl
50 g ganze geschälte Mandeln
Salz
400 ml Gemüsebrühe
4 Eßl. Zitronensaft
Pfeffer

Zubereitungszeit: etwa 45 Minuten

Rotkohl mit Gorgonzola

Preiswert • Im Bild

• Den Rotkohl putzen, vierteln und auf dem Gemüsehobel sehr fein hobeln. 2 Orangen auspressen, den Saft mit Essig, Salz und Pfeffer unter den Rotkohl mischen. Zugedeckt etwa 20 Minuten marinieren.

• Inzwischen die Zwiebeln putzen, waschen und in dünne Ringe schneiden. Die dritte Orange schälen, filetieren und die Filets quer halbieren. Den Rotkohl in einem Sieb abtropfen lassen, dabei den Sud auffangen.

• Zuerst den Wok und dann das Schmalz darin erhitzen. Den Kohl im Fett bei mittlerer Hitze portionsweise unter Rühren anbraten. Zwiebeln und Sud hinzufügen und alles zugedeckt 5–7 Minuten schmoren. Sahne und Orangenfilets unterziehen. Den Kohl mit Salz und Pfeffer abschmecken. Käse in kleinen Stücken darauf verteilen und zugedeckt schmelzen lassen. Gut schmecken dazu Sonnenblumen-Brötchen.

Pro Portion etwa: 1575 kJ/375 kcal

Geschmorter Mangold

Aus Spanien • Gelingt leicht

• Den Mangold putzen und waschen. Die Stiele von den Blättern trennen und in zentimeterbreite Streifen schneiden. Kartoffeln schälen und klein würfeln. Zwiebel und Knoblauch schälen und hacken.

• Den Wok und dann 2 Eßlöffel Öl darin erhitzen. Die Mandeln darin kurz anrösten, herausheben. Mangoldstiele und Kartoffeln im Fett unter Rühren 3 Minuten anbraten. Zwiebel und Knoblauch dazugeben und kurz mitbraten.

• Die Mangoldblätter in breite Streifen schneiden, mit den Mandeln auf dem Gemüse verteilen und leicht salzen. Brühe hinzugießen, das Gemüse zugedeckt bei mittlerer Hitze etwa 15 Minuten schmoren, bis die Kartoffeln weich sind.

• Den Mangold vom Herd nehmen. Zitronensaft mit Salz, Pfeffer und dem übrigen Öl verrühren und über den Mangold gießen.

Pro Portion etwa: 810 kJ/195 kcal

Karamelkartoffeln

Im Bild • Gelingt leicht

• Kartoffeln mit Schale in wenig Wasser in etwa 20 Minuten garen.

• Möhren und Sellerie waschen, putzen und in bleistiftdicke, etwa 4 cm lange Stücke schneiden. Erst den Wok, dann 1 Eßlöffel Butter darin erhitzen. Das Gemüse im Fett unter Rühren kurz andünsten. Pfeffern und die Brühe dazugießen. Das Gemüse zugedeckt bei schwacher Hitze in etwa 7 Minuten knackig garen. Salzen, herausnehmen und warm stellen.

• Die Kartoffeln pellen. Den Zucker im Wok unter Rühren schmelzen lassen, bis er goldgelb ist. Die restliche Butter hinzufügen und mit Wein ablöschen. Kartoffeln in den Karamel geben und zugedeckt etwa 5 Minuten schmoren, ab und zu wenden.

• Das Gemüse zu den Kartoffeln in den Wok geben und kurz erhitzen. Alles leicht pfeffern und mit den Sonnenblumenkernen bestreuen.

Pro Portion etwa: 1255 kJ/300 kcal

Grünkohl mit Tomaten

Preiswert • Raffiniert

• Salzwasser zum Kochen bringen.

• Vom Grünkohl Stiele und dicke Blattrippen entfernen. Die Blätter sehr gründlich waschen, anschließend im Salzwasser etwa 5 Minuten blanchieren, abtropfen lassen, gut ausdrücken und grob hacken. Zwiebel, Knoblauch und Suppengrün putzen und klein würfeln.

• Zuerst den Wok und dann darin die Butter erhitzen. Das Wurzelgemüse im Fett unter Rühren etwa 2 Minuten anbraten. Den Grünkohl, die Tomaten samt Saft, die Brühe und den Thymian hinzufügen. Alles leicht salzen, pfeffern und zugedeckt bei mittlerer Hitze etwa 15 Minuten schmoren lassen.

• Den Grünkohl ohne Deckel sämig einköcheln lassen. Mit Zucker, Salz und Pfeffer abschmecken. Kartoffelpüree dazu reichen.

Pro Portion etwa: 790 kJ/190 kcal

Zutaten für je 4 Personen

Karamelkartoffeln
700 g möglichst kleine festkochende Kartoffeln
3 Möhren
3 Stangen Staudensellerie
50 g Butter
Pfeffer
100 ml Gemüsebrühe
Salz
4 Eßl. Zucker
1 Schuß Weißwein (oder Wasser)
2 Eßl. grob gehackte Sonnenblumenkerne

Zubereitungszeit: etwa 30 Minuten

Grünkohl mit Tomaten
Salz
800 g Grünkohl
1 Zwiebel
1 Knoblauchzehe
1 Bund Suppengrün
2 Eßl. Butter
1 kleine Dose geschälte Tomaten (400 g Inhalt)
1/4 l Gemüsebrühe
1 Teel. Thymian
Pfeffer
1/2 Teel. Zucker

Zubereitungszeit: etwa 1 Stunde

Zutaten für je 4 Personen

Chili con Tofu
200 g getrocknete Kidneybohnen (oder aus der Dose)
250 g Tofu
3 Zwiebeln
2–3 Knoblauchzehen
2–3 Chilischoten (oder kleine Peperoni)
je 1 gelbe und grüne Paprikaschote
2 Eßl. Öl
1 kleine Dose geschälte Tomaten (400 g Inhalt)
400–500 ml Gemüsebrühe
Salz · Pfeffer

Zubereitungszeit: etwa 1 Std. 20 Minuten (+ Einweichzeit über Nacht)

Lauch sizilianisch
3 Eßl. Sultaninen
1 kg dünne Lauchstangen
1–2 Knoblauchzehen
2 Eßl. Pinienkerne
3 Eßl. Olivenöl
Salz
Pfeffer
2 Teel. abgeriebene unbehandelte Zitronenschale
2–3 Eßl. Zitronensaft
1/2 Bund feingehackte Petersilie

Zubereitungszeit: etwa 35 Minuten

Chili con Tofu

Klassiker auf neue Art • Im Bild

• Die Bohnen waschen und in 1 l Wasser über Nacht einweichen. Am anderen Tag im Einweichwasser zugedeckt 1 Stunde köcheln lassen.

• Inzwischen den Tofu würfeln. Zwiebeln und Knoblauch schälen, Zwiebeln achteln. Chilischoten putzen, mit dem Knoblauch fein hacken. Paprikaschoten waschen, vierteln, putzen und in Streifen schneiden.

• Den Wok und dann das Öl darin erhitzen. Den Tofu im Öl kurz anbraten, herausnehmen. Dann die Zwiebeln mit der Chili-Knoblauch-Mischung anbraten. Paprikaschoten kurz mitbraten. Abgetropfte Bohnen (die gegarten oder die aus der Dose), Tomaten samt Saft und Gemüsebrühe dazugeben. Alles salzen, pfeffern und zugedeckt bei mittlerer Hitze etwa 15 Minuten schmoren. Den Tofu unterheben und das Chili abschmecken. Dazu Fladenbrot oder körnigen Langkornreis servieren.

Pro Portion etwa: 1355 kJ/325 kcal

Lauch sizilianisch

Aus Süditalien • Erfrischend

• Die Sultaninen in 1/8 l Wasser einweichen. Inzwischen die Lauchstangen putzen, gründlich waschen und schräg in etwa 4 cm lange Stücke schneiden. Die Knoblauchzehen schälen.

• Den Wok erhitzen und die Pinienkerne darin ohne Fett hellgelb rösten, herausnehmen. Das Öl im Wok heiß werden lassen und die Lauchstücke darin unter Rühren rundherum andünsten. Mit Salz und Pfeffer würzen. Den Knoblauch durch die Presse dazudrücken.

• Die Sultaninen samt Sud und die Zitronenschale zum Gemüse geben. Zugedeckt bei mittlerer Hitze schmoren, bis der Lauch gar, aber noch knackig ist. Dann mit Zitronensaft abschmecken und mit Pinienkernen und Petersilie bestreuen. Dazu passen Reis, Kartoffeln oder Fladenbrot.

Pro Portion etwa: 730 kJ/175 kcal

Zutaten für je 4 Personen

Blumenkohlcurry
1 Blumenkohl (etwa 1 kg)
2 Zwiebeln
1 frische rote Chilischote
2 Tomaten
2 Eßl. Butterschmalz
1 Teel. Ingwer, frisch gerieben
1 Eßl. Currypulver
1/2 Teel. Zucker
150 ml Gemüsebrühe
150 g gepalte Erbsen
Salz
1 Eßl. Petersilienblättchen

Zubereitungszeit:
etwa 35 Minuten

Auberginen
2 mittelgroße Auberginen
1 1/2 Teel. Salz
1 Teel. gelbe Senfkörner
1 Teel. Kreuzkümmelsamen
4–5 Eßl. Öl
4 Eßl. Senföl (ersatzweise
2 Eßl. Butterschmalz)
1 Teel. Ingwer, frisch gerieben
3 getrocknete rote Chillies
1 Teel. Paprikapulver
1/2 Teel. Kurkuma
1/4 Teel. Cayennepfeffer
150 g stichfester Vollmilch-joghurt
2 Eßl. Korianderblättchen

Zubereitungszeit:
etwa 40 Minuten

Blumenkohlcurry

Aus Indien · Scharf

• Den Blumenkohl in kleine Röschen teilen, waschen und abtropfen lassen. Zwiebeln und Chilischote putzen und in feine Streifen schneiden. Die Tomaten überbrühen, häuten, halbieren, entkernen und würfeln.

• Zuerst den Wok und dann darin das Butterschmalz erhitzen. Zwiebel, Chilischote und Ingwer unter Rühren im Fett andünsten. Currypulver und Zucker unterrühren und bei schwacher Hitze etwa 2 Minuten weiterdünsten.

• Den Blumenkohl unter die Mischung heben. Tomaten und Brühe hinzufügen. Alles bei mittlerer Hitze unter gelegentlichem Rühren etwa 10 Minuten schmoren.

• Die Erbsen zum Curry geben, alles noch so lange weiterschmoren, bis der Blumenkohl gar ist, aber noch Biß hat. Mit Salz abschmecken, Petersilie darüber streuen. Dazu paßt Basmatireis.

Pro Portion etwa: 890 kJ/210 kcal

Auberginen in Senf-Joghurt-Sauce

Aus Indien • Im Bild

• Auberginen putzen und längs in etwa 1 cm dicke Scheiben schneiden. Mit Salz bestreuen und etwa 10 Minuten stehenlassen. Inzwischen Senfkörner und Kümmelsamen im Wok ohne Fett rösten, bis sie zu springen beginnen. Herausnehmen und abkühlen lassen.

• Auberginen behutsam ausdrücken und trockentupfen. Öl im Wok erhitzen, Auberginen darin bei starker Hitze von beiden Seiten goldbraun anbraten. Auf Küchenpapier abtropfen lassen. Übriges Öl abgießen.

• Senföl im Wok erhitzen, Ingwer und die zerbröselten Chillies darin anbraten. Übrige Gewürze unter Rühren kurz mit anschwitzen. Mit Joghurt und 1/8 l Wasser ablöschen, aufkochen und etwa 5 Minuten köcheln lassen.

• Senf und Kümmel fein mahlen und unterrühren. Auberginen in der Sauce zugedeckt bei schwacher Hitze noch etwa 5 Minuten schmoren lassen. Mit Koriander bestreuen.

Pro Portion etwa: 990 kJ/235 kcal

Zutaten für je 4 Personen

Kürbis-Ratatouille
2 Fleischtomaten
2 Zwiebeln
2 Knoblauchzehen
1 grüne Paprikaschote
600 g orangefarbenes Kürbisfleisch ohne Schale (z. B. vom Muskatkürbis)
1/2 Bund Petersilie
3 Eßl. Olivenöl
Salz · Pfeffer
1 Lorbeerblatt
1 Stengel Thymian

Zubereitungszeit: etwa 45 Minuten

Gemüserisotto
1 Eßl. getrocknete Mischpilze
1 Zwiebel
1 Knoblauchzehe
je 150 g Knollensellerie und Möhre
3 Eßl. Butter
250 g 7-Korn-Getreidemischung
400 ml Gemüsebrühe
2 Tomaten
50 g Emmentaler, frisch gerieben
1 Eßl. Crème fraîche
Salz
Pfeffer

Zubereitungszeit: etwa 45 Minuten

Kürbis-Ratatouille

Klassiker auf neue Art • Im Bild

• Die Tomaten überbrühen, häuten und ohne Kerne und Stielansätze würfeln. Zwiebeln und Knoblauch schälen, Zwiebeln achteln. Paprikaschote vierteln, putzen, waschen und in Streifen schneiden. Das Kürbisfleisch in 3 cm große Würfel schneiden. Die Petersilienblättchen abzupfen, die Stengel aufheben.

• Den Wok und dann das Öl darin erhitzen. Das Gemüse im Fett portionsweise und unter stetigem Rühren kurz anbraten. Salzen, pfeffern, den Knoblauch dazupressen und 100 ml Wasser angießen. Lorbeerblatt, Thymian und die Petersilienstengel zu einem Sträußchen zusammenbinden und hineinlegen. Das Gemüse zugedeckt bei schwacher Hitze etwa 25 Minuten schmoren.

• Die Ratatouille mit Salz und Pfeffer abschmecken und die Petersilienblättchen unterheben. Servieren Sie dazu Reis oder Baguette.

Pro Portion etwa: 560 kJ/135 kcal

Kerniger Gemüserisotto

Gelingt leicht • Braucht etwas Zeit

• Die getrockneten Pilze mit kochendem Wasser übergießen und einweichen. Inzwischen Zwiebel und Knoblauch schälen und fein hacken. Sellerie und Möhren waschen, putzen und in kleine Würfel schneiden.

• Zuerst den Wok und dann 2 Eßlöffel Butter darin erhitzen. Zwiebel und Knoblauch im Fett glasig braten. Sellerie und Möhren unter Rühren etwa 2 Minuten mitbraten. Die Getreidemischung und die abgetropften Pilze unterrühren. Brühe angießen, alles aufkochen und zugedeckt bei schwacher Hitze 20 – 25 Minuten garen.

• Inzwischen die Tomaten waschen und würfeln. Mit der übrigen Butter, dem Käse und der Crème fraîche unter den Risotto ziehen, salzen und pfeffern.

Pro Portion etwa: 2175 kJ/520 kcal

Rosenkohl-Curry-Topf

Raffiniert • Scharf

• Die Chilischoten putzen, entkernen und in feine Ringe schneiden. Ingwer, Knoblauch und Schalotten schälen und fein hacken. Kartoffeln und Möhren schälen und in kleine Würfel schneiden. Den Rosenkohl putzen, waschen, große Köpfe halbieren.

• Den Wok und dann das Butterschmalz darin erhitzen. Chillies, Ingwer, Knoblauch und Schalotten darin andünsten. Curry und Kurkuma unterrühren. Mit Brühe und Milch ablöschen. Kartoffeln und Möhren hinzufügen, aufkochen und zugedeckt bei mittlerer Hitze etwa 10 Minuten köcheln lassen.

• Den Rosenkohl in den Wok geben, alles zusammen in 10–15 Minuten fertiggaren. Crème fraîche und Schnittlauch locker unter das Gemüse heben.

Pro Portion etwa: 1555 kJ/370 kcal

Fenchel mit Honig

Gelingt leicht • Im Bild

• Salzwasser zum Kochen bringen.

• Die Fenchelknollen putzen, halbieren und den Strunk herausschneiden. Das zarte Fenchelgrün beiseite legen. Die Hälften im Wasser etwa 5 Minuten kochen. Dann abgießen und dabei 1/8 l Kochwasser auffangen. Den Fenchel gut abtropfen lassen.

• Den Wok erhitzen. Die Pinienkerne darin ohne Fett kurz anrösten, herausnehmen und beiseite stellen. Das Öl im Wok heiß werden lassen. Den Fenchel darin bei mittlerer Hitze rundherum anbraten. Den Fenchelsamen einrühren und kurz mitbraten. Das Kochwasser, den Honig, etwas Salz und Pfeffer hinzufügen. Den Fenchel zugedeckt je nach Größe in 5–7 Minuten knackig garen.

• Das Fenchelgrün waschen und grob zerzupfen. Mit den Pinienkernen über den Fenchel streuen.

Pro Portion etwa: 585 kJ/140 kcal

Zutaten für je 4 Personen

Rosenkohl-Curry-Topf

2 frische rote Chilischoten
1 Stück frischer Ingwer (etwa 3 cm)
1–2 Knoblauchzehen
2 Schalotten
500 g Kartoffeln
3 große Möhren
750 g Rosenkohl
1 Eßl. Butterschmalz
je 1 Teel. scharfes Currypulver und Kurkuma
1/2 l Gemüsebrühe
400 ml Milch
2–3 Eßl. Crème fraîche
1 Eßl. Schnittlauchröllchen

Zubereitungszeit: etwa 50 Minuten

Fenchel mit Honig

Salz
900 g kleine Fenchelknollen
40 g Pinienkerne
3 Eßl. Öl
2 Teel. Fenchelsamen
1 Eßl. Honig
Pfeffer

Zubereitungszeit: etwa 40 Minuten

Zutaten für je 4 Personen

Apfelragout
1 Ei
$^1/_2$ l Milch
70 g Zucker
2 Päckchen Vanillezucker
1 Prise Salz
1 Stück unbehandelte Zitronenschale
45 g Grieß
800 g aromatische Äpfel (z. B. Gravensteiner, Cox Orange, Boskop)
2–3 Eßl. Zitronensaft
2 Eßl. Butter
125 ml trockener Weißwein (ersatzweise Wasser)
150 g Sahne
2 Eßl. gehobelte Haselnüsse

Zubereitungszeit: etwa 35 Minuten

Süßer Risotto
1 Eßl. Butter
300 g Risotto-Reis
$^1/_4$ l Milch
1 Prise Salz
1 Vanilleschote
200 g reife Aprikosen
500 g Erdbeeren
2–3 Eßl. Puderzucker
1–2 Eßl. Zitronensaft
2 Eßl. Crème fraîche
2 Eßl. gehackte Pistazienkerne

Zubereitungszeit: etwa 30 Minuten

Apfelragout auf Vanillegrieß

Für Kinder • Preiswert

• Für den Grieß das Ei trennen. Eigelb mit etwas Milch verquirlen. Übrige Milch, 2 Eßlöffel Zucker, Vanillezucker, Salz und Zitronenschale in einem Topf aufkochen lassen. Grieß darin unter Rühren etwa 3 Minuten kochen lassen. Vom Herd nehmen, das verquirlte Eigelb unterrühren. Das Eiweiß steif schlagen und unterheben.

• Für das Apfelragout die Äpfel schälen, vierteln, entkernen und in etwa 1 cm dicke Scheiben schneiden. Mit Zitronensaft mischen, damit sie hell bleiben.

• Den Wok erhitzen und darin bei mittlerer Hitze die Butter aufschäumen lassen. Die Äpfel kurz darin unter Wenden andünsten. Übrigen Zucker, Wein und Sahne hinzufügen und die Äpfel zugedeckt etwa 2 Minuten schmoren. Sie sollen weich sein, aber noch Biß haben. Die Haselnußblättchen darüber streuen. Das Apfelragout auf dem warmen Grieß anrichten.

Pro Portion etwa: 2195 kJ/525 kcal

Süßer Risotto mit Erdbeerpüree

Gelingt leicht • Im Bild

• Zuerst den Wok und dann darin die Butter erhitzen. Den Reis im Fett unter Rühren 2 Minuten anbraten, bis er glasig ist.

• Die Milch mit $^1/_4$ l Wasser und Salz mischen und angießen. Die Vanilleschote längs aufschlitzen und hinzufügen. Den Reis zugedeckt bei mittlerer Hitze in 15–20 Minuten garen, dabei ab und zu umrühren. Die Reiskörner müssen außen weich sein, aber innen noch Biß haben.

• Inzwischen die Aprikosen überbrühen, häuten, halbieren und entsteinen, dann in Spalten schneiden. Die Erdbeeren waschen, putzen und vierteln. Die Hälfte der Erdbeeren mit Puderzucker und Zitronensaft pürieren.

• Aprikosenspalten, Erdbeerviertel und Crème fraîche unter den Risotto heben und kurz erhitzen. Risotto mit den gehackten Pistazien bestreuen und mit dem Erdbeerpüree servieren.

Pro Portion etwa: 1900 kJ/455 kcal

Zartes unter rauher KRUSTE

Zutaten für je 4 Personen

Austernpilz-Piccata
500 g Austernpilze
1 Eßl. getrocknete Steinpilze
4 Eier
2–4 Eßl. Milch
50 g Granakäse (oder Greyerzer), frisch gerieben
Pfeffer
1 Teel. Thymian
300 g Gärtnergurken
300 g Sahnejoghurt
Salz
3 Stengel Basilikum
1 Limette (oder Zitrone)
200 g Butterschmalz

Zubereitungszeit:
etwa 25 Minuten

Knusprige Schwarzwurzeln
3 Eßl. Weißweinessig
1 kg Schwarzwurzeln
Salz
1 kleine Zwiebel
2 Eßl. Öl
1 kleine Dose geschälte Tomaten (400 g Inhalt)
1 Prise Zucker
Pfeffer
1 Eßl. feingehackte Petersilie
2 Eier
75 g Kürbiskerne
1/2–3/4 l Öl zum Ausbacken

Zubereitungszeit:
etwa 45 Minuten

Austernpilz-Piccata

Aus Italien • Schnell

• Die Austernpilze mit Küchenpapier oder Pinsel sorgfältig reinigen, die Stiele frisch anschneiden. Steinpilze in einem Mörser möglichst fein zerdrücken. Eier, Milch, Käse, 1/2 Teelöffel Pfeffer, Thymian und Pilzpulver miteinander verrühren.

• Für den Dip die Gurken schälen, halbieren, entkernen und fein würfeln. Mit dem Joghurt verrühren, salzen und pfeffern. Basilikum waschen, die Blätter grob hacken und unterheben. Die Limette heiß waschen und in Scheiben schneiden.

• Zuerst den Wok und dann das Butterschmalz darin erhitzen. Die Pilzhüte portionsweise durch die Eimasse ziehen und im Fett von beiden Seiten in je etwa 3 Minuten goldgelb ausbacken. Mit Limettenscheiben und Gurkendip servieren. Dazu passen Salat und kräftiges Vollkornbrot.

Pro Portion etwa: 2115 kJ/505 kcal

Knusprige Schwarzwurzeln

Im Bild • Preiswert

• 1 l Wasser mit dem Essig verrühren. Die Schwarzwurzeln schälen, waschen und sofort in das Essigwasser legen. Nacheinander in etwa 6 cm lange Stücke schneiden. Dann im Wok oder in einem Topf im Essigwasser zum Kochen bringen, salzen und je nach Dicke in 12–15 Minuten nicht zu weich garen. Abtropfen lassen.

• Die Zwiebel schälen und fein hacken. Das Öl in einem breiten Topf erhitzen. Die Zwiebel darin glasig braten. Tomaten samt Saft hinzufügen, mit einer Gabel zerdrücken, Zucker, Salz, Pfeffer unterrühren und unter gelegentlichem Rühren sämig einköcheln lassen, zum Servieren die Petersilie unterrühren.

• Die Eier verquirlen. Die Kürbiskerne hacken. Die Schwarzwurzeln zuerst in den Eiern, dann in den Kürbiskernen wälzen. Den Wok und dann das Öl darin erhitzen. Die Schwarzwurzeln portionsweise in 3–4 Minuten goldgelb ausbacken. Abtropfen lassen.

Pro Portion etwa: 1970 kJ/475 kcal

Zutaten für je 4 Personen

Rote Bete
150 g Kartoffeln
800 g rote Bete
2 Eigelbe
1 Eßl. Weißwein nach Belieben
1 Prise Zucker · Salz
140 g Mehl
1 Teel. Backpulver
50 ml Milch · 50 g Sahne
1 Eßl. kleine Kapern
1 Teel. Meerrettich (Glas)
Pfeffer
1/2 l Öl zum Ausbacken

Zubereitungszeit:
etwa 1 Stunde

Gemüsespieße
2 Eßl. Butter
125 g Mehl
100 ml Milch
2 Eigelbe
1/2 Teel. Korianderkörner
2 Eßl. Sesamsamen
Sojasauce · Pfeffer
300 g Broccoli
200 g Zucchini
2 Möhren
8 Champignons
2 Eiweiße
300–400 g ungehärtetes
Kokosfett zum Ausbacken
Holzspieße

Zubereitungszeit:
etwa 40 Minuten

Rote Bete mit Kartoffelschaum

Raffiniert • Für Gäste

• Kartoffeln und rote Bete im Wok über Dampf in 35 beziehungsweise 45 Minuten bißfest garen.

• Eigelbe, Wein, Zucker, 2 Prisen Salz und 150 ml sehr kaltes Wasser glattrühren. Mehl und Backpulver darüber sieben, alles zu einem glatten Teig verrühren. Die roten Beten schälen und in Scheiben schneiden.

• Die Kartoffeln pellen und durch die Kartoffelpresse in einen breiten Topf drücken. Milch erhitzen, mit Sahne dazugießen und alles dickflüssig und schaumig aufschlagen. Kapern und Meerrettich unterrühren, mit Salz und Pfeffer abschmecken.

• Den Wok und dann das Öl darin erhitzen. Die Gemüsescheiben durch den Teig ziehen und im heißen Fett in etwa 3 Minuten goldgelb backen, dabei einmal wenden. Auf Küchenpapier kurz abtropfen lassen. Mit dem Kartoffelschaum servieren.

Pro Portion etwa: 2670 kJ/640 kcal

Gemüsespieße im Sesamteig

Im Bild • Preiswert

• Für den Teig die Butter zerlassen. Das Mehl mit der Milch, der Butter, den Eigelben und 100 ml Wasser glattrühren. Die Korianderkörner zerstoßen und mit den Sesamsamen unter den Teig rühren, mit Sojasauce würzen.

• Das Gemüse waschen und putzen. Broccoli in kleine Röschen, Zucchini und Möhren in Scheiben schneiden. Große Pilze halbieren. Das Gemüse bunt gemischt auf nicht zu lange Holzspieße stecken. Rundherum pfeffern.

• Die Eiweiße zu steifem Schnee schlagen und unter den Teig heben. Zuerst den Wok, dann das Fett darin erhitzen. Die Gemüsespieße in den Backteig tauchen und portionsweise im Wok in etwa 6 Minuten rundherum goldbraun ausbacken. Auf Küchenpapier abtropfen lassen und heiß servieren.

Pro Portion etwa: 3575 kJ/855 kcal

Tip
Gut schmecken dazu eine Wildreismischung und ein Kräuter-Dip.

Gefüllte Zucchiniblüten

Spezialität • Im Bild

• Die Pistazienkerne grob hacken. Basilikum waschen, Blätter in feine Streifen schneiden. Die Zitrone heiß waschen, die Schale abreiben, den Saft auspressen. Den Käse mit 2 Eßlöffeln Zitronensaft, der -schale, dem Essig, eventuell 1–2 Eßlöffeln Wasser, Pistazien und Basilikum cremig rühren. Mit Salz und Pfeffer würzen.

• Die Zucchiniblüten putzen, behutsam öffnen und die Blütenstempel vorsichtig herausbrechen. Eventuelle Fruchtansätze abschneiden. Die Blüten mit der Käsemasse füllen, dann durch Zusammendrehen der Blütenspitzen wieder verschließen.

• Zuerst den Wok und dann das Öl darin erhitzen. Die Zucchiniblüten portionsweise etwa 1 Minute fritieren. Herausheben und auf Küchenpapier abtropfen lassen. Mit dem restlichen Zitronensaft beträufeln. Dazu gemischten Salat oder Rucolasalat servieren.

Pro Portion etwa: 1160 kJ/275 kcal

Fritierte Gemüse-Wan-Tans

Aus China • Gelingt leicht

• Die Wan-Tan-Blätter zugedeckt auftauen lassen. Inzwischen Chinakohl und Lauch putzen und waschen. Kohl sehr fein hacken, Lauch in feine Ringe schneiden. Möhre schälen und winzig fein würfeln. Den Tofu würfeln und pürieren. Das Ei trennen.

• Chinakohl, Lauch, Möhre, zerbröselte Chilischote, Tofu, Stärke, Eigelb, Sojasauce und Sesamöl miteinander verkneten. Die Füllung salzen und pfeffern.

• Je 1 Teelöffel Füllung auf die Teigquadrate geben, die Ränder mit verquirltem Eiweiß bepinseln, Wan-Tans zu Dreiecken zusammenklappen.

• Zuerst den Wok und dann darin das Öl erhitzen. Die Wan-Tans portionsweise in 2–3 Minuten goldgelb und knusprig ausbacken. Dazu passen eine süß-saure Sauce (Fertigprodukt) und rohes Knabber-Gemüse.

Pro Portion etwa: 1780 kJ/380 kcal

Zutaten für je 4 Personen

Gefüllte Zucchiniblüten
2 Eßl. Pistazienkerne
1 Stengel Basilikum
1 unbehandelte Zitrone
200 g Doppelrahmfrischkäse
1 Eßl. Aceto Balsamico (Balsamessig)
Salz
Pfeffer
12 Zucchiniblüten
300–400 ml Sonnenblumenöl

Zubereitungszeit: etwa 25 Minuten

Gemüse-Wan-Tans
20 tiefgekühlte Wan-Tan-Blätter (etwa 10 × 10 cm; Asienladen)
100 g Chinakohl
100 g Lauch
1 Möhre
100 g geräucherter Tofu
1 Ei
1/2 getrocknete Chilischote
1 Teel. Speisestärke
1 Eßl. helle Sojasauce
1 Teel. Sesamöl
Salz
Pfeffer
Öl zum Fritieren

Zubereitungszeit: etwa 30 Minuten

Hefeküchlein mit Chinakohlgemüse

Raffiniert • Braucht etwas Zeit

Zutaten für 4 Personen

Für den Teig:
50 g Butter
10 g Hefe (1/4 Würfel)
1/2 Teel. Zucker
200 ml lauwarme Milch
100 g Buchweizenmehl
100 g Weizenmehl
Salz
2 Eiweiße

Für das Gemüse:
1 kleiner Kopf Chinakohl
1 Zwiebel
1 Knoblauchzehe
1 kleine rote Peperoni
2 Eßl. Öl
50 ml Gemüsebrühe
1–2 Eßl. Sahne
Salz
Pfeffer
200 g Butterschmalz zum Braten

Zubereitungszeit:
etwa 1 3/4 Stunden
(davon 1 1/4 Stunde Ruhezeit)

• Für den Teig die Butter zerlassen. Die zerkrümelte Hefe mit dem Zucker in der Milch auflösen. Dann mit beiden Mehlsorten, 3/4 Teelöffel Salz und der etwas abgekühlten Butter zu einem glatten Teig verrühren. Zugedeckt bei Zimmertemperatur in etwa 1 Stunde zum doppelten Volumen aufgehen lassen.

• Den Teig nochmals glattrühren. Eiweiße zu steifem Schnee schlagen, unterziehen und weitere 30 Minuten gehen lassen.

• Inzwischen für das Gemüse den Chinakohl putzen und in breite Streifen schneiden. Zwiebel und Knoblauch schälen, Peperoni putzen und alles hacken.

• Zuerst den Wok und dann darin das Öl erhitzen. Zwiebel, Knoblauch und Peperoni kurz braten, dann den Chinakohl unter Rühren nur ganz kurz mitdünsten. Brühe und Sahne angießen, aufkochen lassen und abschmecken. Den Kohl herausnehmen und warm stellen. Den Wok säubern.

• Das Schmalz im Wok erhitzen. Vom Teig mit zwei Eßlöffeln Portionen abnehmen und im Fett bei mittlerer Hitze rundherum in 2–3 Minuten goldbraun backen. Auf Küchenpapier abtropfen lassen und mit dem Chinakohlgemüse servieren.

Pro Portion etwa: 2875 kJ/685 kcal

Tip

Statt Buchweizenmehl Weizenmehl (Type 550) verwenden und anstatt Chinakohl Blattspinat nehmen.

Spinatnocken mit Schalotten-Chutney

Raffiniert • Braucht etwas Zeit

• Die Kartoffeln mit Schale in wenig Salzwasser gar kochen. Inzwischen reichlich Salzwasser zum Kochen bringen. Den Spinat putzen und gründlich waschen. Im Salzwasser etwa 1 Minute blanchieren. Dann eiskalt abschrecken, abtropfen lassen, anschließend gut ausdrücken und grob hacken. Den Knoblauch schälen und fein hacken.

• Den Wok und dann darin 2 Eßlöffel Öl erhitzen. Den Knoblauch im Fett glasig braten, den Spinat darin bei mittlerer Hitze unter Rühren 3–4 Minuten dünsten, herausnehmen.

• Die Kartoffeln abgießen, pellen und noch heiß durch die Kartoffelpresse in eine Schüssel drücken. Die Eier trennen, Eigelbe dazugeben. Mit Spinat, Thymian, Käse und Semmelbröseln vermengen. Die Masse mit Salz und Pfeffer kräftig würzen.

• Die Schalotten schälen und längs in Spalten schneiden. Den Wok säubern und dann darin die restlichen 2 Eßlöffel Öl erhitzen, die Schalotten im Fett bei mittlerer Hitze glasig braten. Wein und Brühe angießen, die Schalotten zugedeckt in etwa 5 Minuten weich dünsten. Gelee unterrühren und das Chutney mit Salz und Pfeffer würzen. Umfüllen und warm halten. Den Wok säubern.

• Eiweiße mit dem Backpulver steif schlagen, unter den Spinatteig heben. Das Butterschmalz portionsweise im Wok erhitzen. Mit zwei Eßlöffeln vom Teig Nocken abstechen, im heißen Schmalz rundherum in etwa 5 Minuten goldgelb ausbacken. Kurz auf Küchenpapier abtropfen lassen und mit dem Schalotten-Chutney servieren.

Pro Portion etwa: 3470 kJ/830 kcal

Zutaten für 4 Personen

500 g mehligkochende Kartoffeln
Salz
400 g kräftiger Blattspinat
1 Knoblauchzehe
4 Eßl. Öl
5 Eier
2 Teel. Thymian
100 g Greyerzer (oder Emmentaler), frisch gerieben
2–3 Eßl. Semmelbrösel
Pfeffer
400 g Schalotten
100 ml kräftiger Rotwein (ersatzweise Gemüsebrühe)
100 ml Gemüsebrühe
3 Teel. Johannisbeergelee
1 Messerspitze Backpulver
300–400 g Butterschmalz zum Ausbacken

Zubereitungszeit: etwa 1 Stunde

Zutaten für je 4 Personen

Steckrüben-Frites
1/2 kleine Möhre
150 g Currysauce (Fertigprodukt)
2–4 Eßl. Zitronensaft
200 g Schmand (ersatzweise Crème fraîche)
4 Eßl. gemischte feingehackte Kräuter
1 Teel. Senf
Salz · Pfeffer
1 1/2 kg Steckrüben
1/2–3/4 l Öl zum Ausbacken

Zubereitungszeit: etwa 45 Minuten

Reisröllchen
24 Reisteigblätter (Ø 16 cm)
2 Tomaten
50 g Salatgurke
3 Stengel Dill
100 g gekochter Reis (Grundrezept Seite 81)
1 Ei
50 g Cheddar, frisch gerieben
Salz
Pfeffer
2 Eiweiße
Pflanzenöl zum Ausbacken

Zubereitungszeit: etwa 40 Minuten

Steckrüben-Frites mit Dips

Im Bild • Preiswert

• Für den Currydip die Möhren schälen und fein raspeln. Mit der Currysauce vermengen und mit 1–2 Eßlöffeln Zitronensaft abschmecken. Für den Kräuterdip Schmand, Kräuter und Senf verrühren. Mit Salz, Pfeffer und 1–2 Eßlöffeln Zitronensaft abschmecken.

• Die Steckrüben schälen, waschen und in große Stücke schneiden. Portionsweise durch einen Pommes-Frites-Schneider drücken. Oder von Hand in 1 cm dicke und 4–5 cm lange Stifte schneiden.

• Den Wok und dann das Öl darin erhitzen. Die Frites darin bei mittlerer Hitze portionsweise in 5–7 Minuten goldbraun ausbacken. Gut abtropfen lassen, leicht salzen und sofort heiß mit den Dips servieren.

Pro Portion etwa: 3095 kJ/740 kcal

Tip

Statt Steckrüben können Sie auch Kürbis oder Kartoffeln fritieren.

Reisröllchen mit Tomaten und Käse

Preiswert • Gelingt leicht

• Die Reisteigblätter nebeneinander zwischen nasse Küchenhandtücher legen und in etwa 10 Minuten weich und formbar werden lassen.

• Inzwischen die Tomaten überbrühen, häuten, halbieren und ohne Stielansätze und Kerne klein würfeln. Gurke waschen und mit Schale klein würfeln. Dill waschen und die Spitzen grob zerpflücken. Reis und Ei mischen, dann Tomaten, Gurke, Dill und Käse untermengen, salzen und pfeffern.

• Teigblätter paarweise übereinanderlegen, die Ränder mit Eiweiß bepinseln. Jeweils etwas Füllung auf die untere Hälfte geben. Das untere Blattende umklappen, dann die Seiten darüber klappen, die Blätter fest aufwickeln.

• Zuerst den Wok und dann darin das Öl erhitzen. Die Röllchen portionsweise in 3–4 Minuten goldgelb und knusprig ausbacken. Dazu gedünsteten Blattspinat oder Gemüsesalat reichen.

Pro Portion etwa: 2195 kJ/525 kcal

Feigen-Beignets

Exklusiv • Im Bild

• Die Eier trennen. Eigelbe mit Wein, Mehl, Zucker, Vanillezucker, Zitronenschale und Salz zu einem glatten, dünnflüssigen Teig verrühren und etwa 30 Minuten ruhen lassen. Inzwischen die Feigen behutsam waschen, abtrocknen und mit Schale vierteln.

• Die Eiweiße zu steifem Schnee schlagen und unter den Teig heben. Zuerst den Wok und dann darin das Öl erhitzen. Feigenviertel einzeln durch den Weinteig ziehen und portionsweise im heißen Fett in 2–3 Minuten goldbraun ausbacken.

• Feigen-Beignets mit einer Schaumkelle herausnehmen, auf Küchenpapier abtropfen lassen und zum Servieren mit Puderzucker bestäuben. Dazu passen Zitronensorbet oder Vanillesauce.

Pro Portion etwa: 2260 kJ/540 kcal

Tip

Statt Feigen können Sie auch Aprikosenhälften, Apfelspalten oder Scheiben von exotischen Früchten auf diese Weise ausbacken.

Sommerrollen mit Exoten

Für Gäste • Raffiniert

• Die Frühlingsrollenblätter auftauen lassen. Das Obst schälen. Banane längs vierteln, Papaya entkernen und alles Obst klein würfeln. Sprossen waschen und abtropfen lassen. Melisse waschen und die Blättchen feinstreifig schneiden.

• Den Wok erhitzen, darin bei mittlerer Hitze die Butter aufschäumen lassen. Den Ingwer darin anbraten, Sprossen 1 Minute mitdünsten. Früchte und Minze unterheben, mit Limettensaft abschmecken, herausnehmen und beiseite stellen. Den Wok säubern.

• Je 2 Teigblätter aufeinander legen. Auf jeweils die untere Mitte 1–2 Teelöffel Füllung setzen. Die Ränder mit verquirltem Eiweiß bepinseln. Jeweils zuerst die untere Teighälfte, dann die Seiten über die Füllung schlagen und das Ganze behutsam, aber fest zusammenrollen. Das Öl im Wok erhitzen und die Röllchen darin goldgelb fritieren. Auf Küchenpapier abtropfen lassen und warm servieren.

Pro Portion etwa: 1635 kJ/390 kcal

Zutaten für je 4 Personen

Feigen-Beignets
2 Eier
200 ml Weißwein (ersatzweise Apfelsaft)
75 g Mehl
2 Eßl. Zucker
1 Päckchen Vanillezucker
1 Teel. abgeriebene unbehandelte Zitronenschale
1 Prise Salz
6 reife Feigen
1/2 l Öl zum Ausbacken
Puderzucker zum Bestäuben

Zubereitungszeit: etwa 45 Minuten

Sommerrollen (für 12 Stück)
24 tiefgekühlte Frühlingsrollenblätter (etwa 11 × 11 cm)
1/4 Banane
1 kleine Papaya
etwa 150 g Ananas
50 g Bohnensprossen
1 Stengel Zitronenmelisse
2 Teel. Butter
1 Teel. Ingwer, frisch gerieben
2 Eßl. Limetten- oder Zitronensaft
1 Eiweiß
Öl zum Fritieren

Zubereitungszeit: etwa 40 Minuten

Schmeichelei im Wasserdampf

Zutaten für je 4 Personen

Marinierter Lauch
800 g dünne Stangen Lauch
1/2 Bund Petersilie
200 g milder Schafkäse (Feta)
50 g schwarze Oliven
1 Zweig frischer Thymian
5 Eßl. kaltgepreßtes Olivenöl
2 Eßl. Aceto Balsamico (Balsamessig)
1/2 Teel. abgeriebene unbehandelte Zitronenschale
1 Teel. rosa Pfefferkörner

Zubereitungszeit: etwa 30 Minuten

Wirsingsäckchen
Salz
12 mittelgroße Wirsingblätter
2 Knoblauchzehen
2 Frühlingszwiebeln
1 kleine Möhre
50 g gegarter Reis (Grundrezept Seite 81)
2 Eßl. feingehackte Mandeln
1/2 Teel. Ingwer, frisch gerieben
1 Teel. abgeriebene unbehandelte Zitronenschale
250 g Tofu
Pfeffer
helle Sojasauce

Zubereitungszeit: etwa 45 Minuten

Marinierter Lauch

Schnell • Gelingt leicht

• Den Lauch putzen, gründlich waschen und schräg in etwa 5 cm lange Stücke schneiden. In einen Siebeinsatz oder ein Dämpfkörbchen legen. 1/4 – 1/2 l Wasser mit der Petersilie im Wok aufkochen lassen. Den Lauch darüber stellen und zugedeckt in 3 – 5 Minuten bißfest dämpfen.

• Inzwischen den Käse in etwa 1 cm große Würfel schneiden. Die Oliven entkernen und vierteln. Die Thymianblättchen abzupfen. Öl und Essig miteinander verschlagen. Zitronenschale, Pfefferkörner und Thymian unter die Marinade mischen.

• Lauch, Schafkäse und Oliven in eine flache Schüssel füllen, die Marinade behutsam darunterheben, kurz ziehen lassen. Dazu paßt kräftiges Bauernbrot.

Pro Portion etwa: 1280 kJ/305 kcal

Wirsingsäckchen

Im Bild • Preiswert

• Salzwasser aufkochen lassen. Die Wirsingblätter darin portionsweise etwa 4 Minuten blanchieren, kalt abschrecken und sehr gut abtropfen lassen. Knoblauch und Zwiebeln schälen, Möhre waschen und putzen, alles fein würfeln und mit dem Reis vermengen. Mandeln, Ingwer und Zitronenschale darunterrühren. Den Tofu mit einer Gabel zerdrücken, unter die Reismasse kneten, salzen und pfeffern. 12 Bällchen daraus formen.

• Von den Wirsingblättern die dicken Rippen flach schneiden. In die Mitte jedes Blattes 1 Bällchen setzen. Das Blatt zu Säckchen formen und mit Küchengarn zusammenbinden. Nebeneinander in einen Siebeinsatz oder ein Dämpfkörbchen setzen.

• 1/4 – 1/2 l Wasser im Wok aufkochen lassen, die Wirsingsäckchen hineinstellen und zugedeckt etwa 15 Minuten dämpfen. Danach sofort auf Teller verteilen und nach Geschmack mit Sojasauce beträufeln.

Pro Portion etwa: 420 kJ/100 kcal

Zutaten für je 4 Personen

Möhren mit Senf-Basilikum-Sauce
800 g Bundmöhren
1 Bund Basilikum
100 g Sahne
2 Eßl. mittelscharfer Senf
1–2 Teel. Zitronensaft
Salz
Pfeffer

Zubereitungszeit:
etwa 35 Minuten

Broccolisalat
800 g Broccoli
1 unbehandelte Zitrone
1 Scheibe Vollkorn-Toastbrot
1–2 Knoblauchzehen
40 g Erdnüsse
6 Eßl. Gemüsebrühe
5 Eßl. Olivenöl
2 Eßl. Schnittlauchröllchen
Salz
Pfeffer

Zubereitungszeit:
etwa 30 Minuten

Möhren mit Senf-Basilikum-Sauce

Dekorativ • Im Bild

• Das Grün von den Möhren bis auf etwa 2 cm abschneiden. Die Möhren schälen, kurz abspülen und längs halbieren, dabei auch das Grün halbieren. Möhren in einen Siebeinsatz oder ein Dämpfkörbchen legen. Das Basilikum waschen, die Blätter abzupfen.

• 1/4–1/2 l Wasser und die Basilikumstengel im Wok aufkochen lassen. Die Möhren darüber stellen und zugedeckt in 10–12 Minuten knackig dämpfen.

• In einem breiten Topf 200 ml Möhrendämpfwasser mit der Sahne dickflüssig einkochen lassen. Den Senf einrühren. Die Basilikumblätter zerzupfen und unterheben. Die cremige Sauce mit Zitronensaft, Salz und Pfeffer abschmecken, zu den Möhren servieren. Reichen Sie dazu Röstkartoffeln oder gebratenen Reis.

Pro Portion etwa: 615 kJ/145 kcal

Warmer Broccolisalat

Schnell • Raffiniert

• Den Broccoli putzen, in gleich große Röschen teilen und waschen. Die Stiele schälen und in Scheiben schneiden. Die Zitrone waschen, die Schale abreiben und den Saft auspressen. Das Gemüse in einen Siebeinsatz oder ein Dämpfkörbchen legen. 1/4–1/2 l Wasser mit Zitronenschale im Wok aufkochen lassen. Den Broccoli darüber setzen und zugedeckt in 7–9 Minuten (je nach Größe) knackig dämpfen.

• Inzwischen für die Sauce das Brot entrinden, in etwas Wasser einweichen, dann gut ausdrücken. Den Knoblauch schälen, zusammen mit dem Brot, den Nüssen und der Brühe pürieren. Öl, 1–2 Teelöffel Zitronensaft und Schnittlauch darunterrühren. Die Sauce mit Salz und Pfeffer abschmecken.

• Broccoli in einer Schüssel mit der Sauce vermengen und warm mit Fladenbrot und pochierten Eiern servieren.

Pro Portion etwa: 960 kJ/230 kcal

Gemüseplatte mit Aioli

Aus Frankreich • Im Bild

• Das Gemüse putzen und waschen. Fenchel in dünne Spalten, Kohlrabi in Scheiben schneiden, Möhren längs halbieren. Kartoffeln vierteln, Bohnen ganz lassen.

• Brühe mit Thymian im Wok aufkochen lassen. Das Gemüse auf einem Siebeinsatz oder Dämpfkörbchen im Wok in etwa 10 Minuten knackig garen. Gleichzeitig die Eier hart kochen.

• Inzwischen für den Aioli das Brot entrinden, etwa 5 Minuten in der Milch einweichen und gut ausdrücken. Den Knoblauch schälen und dazupressen. Gut mit dem Eigelb vermischen. Das Öl nach und nach unterschlagen, bis eine feste Mayonnaise entsteht. Den Joghurt unterheben, mit Zitronensaft, Salz und Pfeffer abschmecken.

• Die Eier schälen, halbieren und mit dem Gemüse anrichten. Nach Belieben feingeschnittenes Kohlrabi- und Fenchelgrün darüber streuen.

Pro Portion etwa: 2295 kJ/550 kcal

Zucchini und Pilze in Honigsauce

Exotisch • Gelingt leicht

• Die Zucchini putzen, waschen, längs vierteln und in etwa 3 cm lange Stücke schneiden. Die Pilze putzen und vierteln. Das Gemüse auf einer runden Platte (sie muß noch in den Wok passen!) dekorativ anrichten.

• Die Chilischote zerkrümeln. Mit Brühe, beiden Ölsorten, Ingwer, Zimt, Honig, Orangen- und Zitronensaft verrühren, mit Salz abschmecken. Die Mischung über das Gemüse verteilen.

• 1/4 – 1/2 l Wasser im Wok aufkochen lassen. Die Gemüseplatte auf einen Dämpfeinsatz in den Wok stellen. Das Gemüse zugedeckt in 5 – 7 Minuten nicht zu weich dämpfen.

• Inzwischen den Sesam in einem trockenen Pfännchen rösten, bis er duftet. Die Zwiebeln putzen und in feine Ringe schneiden. Beides über das Gemüse streuen. Dazu Reis servieren.

Pro Portion etwa: 555 kJ/135 kcal

Zutaten für je 4 Personen

Gemüseplatte

1 Fenchelknolle
2 junge Kohlrabi
250 g schlanke Möhren
2 mittelgroße Kartoffeln
250 g grüne Bohnen
1/4 – 1/2 l Gemüsebrühe
1 Zweig Thymian
4 Eier
1 Scheibe Toastbrot
6 Eßl. Milch
4 – 5 Knoblauchzehen
1 ganz frisches Eigelb
125 ml Olivenöl
2 Eßl. Joghurt
etwas Zitronensaft
Salz · Pfeffer

Zubereitungszeit:
etwa 35 Minuten

Zucchini und Pilze

600 g Zucchini
200 g frische Champignons
1 getrocknete Chilischote
100 ml Gemüsebrühe
2 Teel. Öl · 1 Teel. Sesamöl
1/2 Teel. Ingwer, frisch gerieben
1 Prise Zimtpulver
1 Teel. Honig
5 Eßl. Orangensaft
1 Eßl. Zitronensaft · Salz
1 Eßl. Sesamsamen
2 Frühlingszwiebeln

Zubereitungszeit:
etwa 30 Minuten

Zutaten für je 4 Personen

Hefebrötchen
1/2 Würfel frische Hefe (20 g)
2 Teel. Zucker
400 g Mehl
1 Zwiebel
1 Knoblauchzehe
1 Stück frischer Ingwer (etwa haselnußgroß)
1 Bund Suppengrün
1 Eßl. Öl
2 Eßl. helle Sojasauce
2 Eßl. Hoisinsauce (Asienladen)
2 Teel. Sesamöl
Salz · Pfeffer
2 Eßl. Schnittlauchröllchen

Zubereitungszeit: etwa 2 Stunden (davon 1 Stunde Ruhezeit)

Gefüllte Spitzpaprika
600 g milde Spitzpaprika (lange, dünne hellgrüne Paprikaschoten)
1–2 Knoblauchzehen
1 Bund Dill
1/2 Bund Petersilie
50 g Pinienkerne
300 g milder Schafkäse (Feta)
1/4–1/2 l Gemüsebrühe
2–3 Eßl. kaltgepreßtes Olivenöl · Pfeffer

Zubereitungszeit: etwa 40 Minuten

Gefüllte Hefebrötchen

Aus China • Braucht etwas Zeit

• Die Hefe und 1 Teelöffel Zucker in 200 ml lauwarmem Wasser auflösen. Mit dem Mehl zu einem geschmeidigen Teig verkneten. Zugedeckt an einem warmen Ort etwa 1 Stunde ruhen lassen. Nochmals durchkneten und weitere 30 Minuten gehen lassen.

• Zwiebel, Knoblauch und Ingwer schälen, Suppengrün waschen, putzen und alles winzig würfeln. Im Wok das Öl erhitzen, das Gemüse unter Rühren anbraten. Mit Soja-, Hoisinsauce und 1 Teelöffel Sesamöl aufkochen lassen. Mit Zucker, Salz und Pfeffer würzen.

• Den Teig in 16 Stücke teilen, diese zu etwa 8 cm großen Kreisen ausrollen. Jeweils etwas Füllung in die Mitte setzen, die Teigränder darüber zusammendrehen. Im Wok 1/4–1/2 l Wasser erhitzen. Dämpfeinsatz mit einem feuchten Tuch auslegen, Hefebrötchen darauf setzen, in etwa 15 Minuten garen. Mit Sesamöl beträufeln und mit Schnittlauch bestreuen.

Pro Portion etwa: 1920 kJ/460 kcal

Gefüllte Spitzpaprika

Aus Griechenland • Im Bild

• Die Paprikaschoten längs einschneiden (oder halbieren), behutsam entkernen, waschen und abtropfen lassen, die Stiele dabei nicht entfernen. Den Knoblauch schälen. Die Kräuter waschen und die Blätter fein hacken. Den Wok erhitzen und die Pinienkerne darin ohne Fett unter Rühren goldgelb rösten.

• Den Käse mit einer Gabel zerdrücken. Den Knoblauch dazupressen, Pinienkerne und Kräuter untermischen. Die Paprikaschoten damit füllen, nebeneinander in einen Siebeinsatz oder ein Dämpfkörbchen setzen. Gemüsebrühe im Wok aufkochen lassen, die Paprika darüber zugedeckt in 7 Minuten garen.

• Die Paprikaschoten auf Tellern anrichten. Mit Olivenöl beträufeln und mit grob gemahlenem Pfeffer bestreuen. Dazu paßt Kartoffelpüree.

Pro Portion etwa: 1825 kJ/440 kcal

Zutaten für je 4 Personen

Gefüllte Weinblätter
2 kleine Zwiebeln
4 Eßl. Olivenöl
4 Eßl. Pinienkerne
300 g gegarter Langkornreis (Grundrezept Seite 81)
2 Eßl. Korinthen
je 2 Eßl. feingehackter Dill und Petersilie
1 Eßl. feingehackte Minze
Salz · Pfeffer
16 eingelegte Weinblätter (frisch oder im Glas)
1 Bund Schnittlauch
2 Lorbeerblätter
3–4 Eßl. Zitronensaft

Zubereitungszeit: etwa 40 Minuten

Wan-Tans
200 g tiefgekühlter Blattspinat
20 tiefgekühlte Wan-Tan-Blätter (10×10 cm; Asienladen)
4 Champignons
2 Frühlingszwiebeln
50 g Bambussprossen
1 Teel. Ingwer, frisch gerieben
1 Knoblauchzehe
1 Teel. Speisestärke
1–2 Teel. Sesamöl
1 Prise Zucker
Salz · Pfeffer
ein paar Salatblätter

Zubereitungszeit: etwa 50 Minuten

Gefüllte Weinblätter

Klassiker auf neue Art • Für Gäste

• Die Zwiebeln schälen und winzig klein würfeln. 2 Eßlöffel Öl erhitzen, Zwiebeln und Pinienkerne darin goldgelb braten, zum Reis geben. Korinthen und Kräuter hinzufügen, die Füllung salzen und pfeffern.

• Je 2 Weinblätter mit der glänzenden Seite nach unten knapp übereinanderlegen, die Stielenden dabei abschneiden. Je 1 Eßlöffel Füllung daraufgeben, die Blätter zu Säckchen formen und oben mit Schnittlauchhalmen zusammenbinden. Auf einen Siebeinsatz oder in ein Dämpfkörbchen setzen.

• $^1/_4$ – $^1/_2$ l Wasser mit den Lorbeerblättern im Wok aufkochen lassen. Die gefüllten Weinblätter im Wok zugedeckt etwa 10 Minuten dämpfen. Auf einer Platte anrichten und mit restlichem Öl und dem Zitronensaft beträufeln. Die übrig gebliebene Füllung erwärmen und dazu servieren.

Pro Portion etwa: 985 kJ/235 kcal

Gedämpfte Wan-Tans

Im Bild • Gelingt leicht

• Den Spinat und die Wan-Tan-Blätter auftauen lassen. Spinat gut ausdrücken und fein hacken. Champignons und Zwiebeln putzen und fein hacken. Die Bambussprossen abtropfen lassen und fein würfeln.

• Alle zerkleinerten Zutaten mit Ingwer vermischen, Knoblauch schälen und dazudrücken. Stärke und 1 Teelöffel Sesamöl unterrühren, die Masse mit Zucker, Salz und Pfeffer würzen.

• In die Mitte jedes Wan-Tan-Blattes 1 Teelöffel Füllung setzen. Das Blatt zwischen Daumen und Zeigefinger halten, den Teig hochschlagen und zusammendrücken. Es sollte in der Mitte noch etwas Füllung zu sehen sein.

• $^1/_4$ – $^1/_2$ l Wasser im Wok aufkochen lassen. Dämpfkörbchen oder Siebeinsatz mit Blättern auslegen. Die Wan-Tans darauf legen, zugedeckt in etwa 10 Minuten dämpfen. Mit dem übrigen Sesamöl beträufeln.

Pro Portion etwa: 215 kJ/50 kcal

Gemüse mit Käsecreme

Aus der Schweiz • Im Bild

• Den Käse entrinden, grob reiben oder klein würfeln. Mit der Milch in einen breiten Topf geben und stehenlassen.

• Im Wok 1/4 – 1/2 l Wasser mit Kräutern aufkochen lassen. Das Gemüse putzen, waschen und in möglichst gleich große Stücke schneiden, in einen Siebeinsatz oder ein Dämpfkörbchen legen. Das Gemüse zugedeckt in etwa 10 Minuten knapp gar dämpfen.

• Inzwischen den Käse in der Milch bei schwacher Hitze unter ständigem Rühren schmelzen lassen. Wein, Zitronensaft, Speisestärke und Safran verquirlen. In die Käsemasse rühren, einmal aufkochen lassen. Mit Salz, Pfeffer und Muskat abschmecken.

• Die Käsesauce in vorgewärmte Teller verteilen, das Gemüse darauf anrichten und mit grob gemahlenem Pfeffer bestreuen. Dazu Pellkartoffeln oder Brot reichen.

Pro Portion etwa: 2370 kJ/565 kcal

Spargel mit Möhrensauce

Für Gäste • Raffiniert

• Möhre und Zwiebel schälen und fein würfeln. Die Butter in einem Topf zerlassen, Gemüsewürfel darin bei schwacher Hitze 3 Minuten anbraten. Die Brühe angießen, aufkochen und zugedeckt etwa 20 Minuten köcheln lassen.

• Inzwischen den Spargel putzen, schälen und in einen Siebeinsatz legen. 1/4 – 1/2 l Wasser im Wok aufkochen lassen. Den Spargel zugedeckt in 10 – 15 Minuten (je nach Dicke) bißfest dämpfen.

• Den Käse würfeln. Möhre und Zwiebel samt der Brühe fein pürieren. Den Käse im heißen Püree teilweise schmelzen lassen. Die Sauce mit Salz und Pfeffer abschmecken, mit Schnittlauch bestreuen und zum Spargel servieren. Reichen Sie dazu Kartoffeln oder Baguette.

Pro Portion etwa: 805 kJ/195 kcal

Zutaten für je 4 Personen

Gemüse mit Käsecreme

400 g Fontina (oder Raclettekäse)
200 ml Milch
2 Teel. Kräuter der Provence
800 g gemischtes Gemüse (z. B. Broccoli, Paprika, Lauch, Möhren)
5 Eßl. trockener Weißwein (oder Milch)
2 Teel. Zitronensaft
2 Teel. Speisestärke
1 Messerspitze Safran
Salz
Pfeffer
Muskatnuß, frisch gerieben

Zubereitungszeit: etwa 35 Minuten

Spargel mit Möhrensauce

1 Möhre
1 kleine Zwiebel
1 Eßl. Butter
150 ml Gemüsebrühe
1,2 kg weißer Spargel
100 g milder Edelpilzkäse
Salz
Pfeffer
2 Eßl. Schnittlauchröllchen

Zubereitungszeit: etwa 45 Minuten

everyone is *wok*king

Zutaten für je 4 Personen

Nudelpfanne
200 g Nudeln (z. B. Tagliatelle)
Salz
2 kleine rote Zwiebeln
300 g Radicchio
1 Bund Rucola (etwa 100 g)
4 Eßl. Olivenöl
4 Eßl. Rotwein (oder Gemüsebrühe)
Pfeffer

Zubereitungszeit: etwa 25 Minuten

Reisnudeln
250 g asiatische Reisnudeln
2 Knoblauchzehen
1 Stück frische Ingwerwurzel (etwa 2 cm)
1 frische rote Chilischote
1 grüne Paprikaschote
2 mittelgroße Zucchini
2 Stangen Staudensellerie
3–4 Frühlingszwiebeln
4 Stengel Koriandergrün
4–5 Eßl. Öl
50 ml Gemüsebrühe
4–5 Eßl. helle Sojasauce
2 Eßl. milder Weißweinessig
1 Prise Zucker
Pfeffer

Zubereitungszeit: etwa 30 Minuten

Nudelpfanne mit Radicchio

Schnell • Im Bild

• Die Nudeln in reichlich Salzwasser nach Anleitung bißfest garen.

• Inzwischen die Zwiebeln schälen und grob hacken. Radicchio und Rucola putzen und waschen, Radicchio in schmale, Rucola in breitere Streifen schneiden.

• Erst den Wok und dann darin das Öl erhitzen. Die Zwiebeln im Fett unter Rühren glasig braten. Wein angießen und etwa 2 Minuten köcheln lassen. Den Radicchio unterheben, etwa 1 Minute mitbraten, salzen und pfeffern.

• Die Nudeln abtropfen lassen und in den Wok geben. Unter Rühren heiß werden lassen. Zum Schluß den Rucola unterziehen, die Nudeln mit Salz und Pfeffer abschmecken.

Pro Portion etwa: 1400 kJ/335 kcal

Reisnudeln mit grünem Gemüse

Schnell • Gelingt leicht

• Die Reisnudeln in lauwarmem Wasser etwa 10 Minuten einweichen.

• Inzwischen Knoblauch und Ingwer schälen und sehr fein würfeln. Die Chilischote waschen, putzen und fein hacken. Das Gemüse waschen, putzen und in dekorative, mundgerechte Stücke schneiden. Den Koriander waschen, die Blättchen von den Stengeln zupfen.

• Die Nudeln abtropfen lassen und in etwa 10 cm lange Stücke schneiden. Zuerst den Wok und dann das Öl darin erhitzen. Knoblauch, Ingwer und Chilischote unter Rühren kurz anbraten. Dann das Gemüse darin unter ständigem Rühren etwa 3 Minuten pfannenrühren, dabei nach und nach die Brühe dazugießen.

• Die Reisnudeln unterheben und etwa 2 Minuten mitbraten. Das Ganze mit Sojasauce, Essig, Zucker und Pfeffer abschmecken. Den Koriander unterheben.

Pro Portion etwa: 1415 kJ/360 kcal

Zutaten für 4 Personen

200 g Glasnudeln
1 Eßl. getrocknete Mu-Err-Pilze
2 Eßl. Sesamsamen
2 Eier
4–5 Eßl. helle Sojasauce
4 Teel. Sesamöl
Zucker
Salz
Pfeffer
4–5 Eßl. Öl
200 g Möhren
150 g Bambussprossen
200 g Lauch
200 g Blattspinat
100 g Bohnenkeimlinge
2 Zwiebeln
2 Knoblauchzehen
2 getrocknete Chilischoten

Zubereitungszeit: etwa 50 Minuten

Glasnudeln mit Gemüse

Aus Korea • Gelingt leicht

• Die Glasnudeln und getrockneten Pilze getrennt mit kochendem Wasser übergießen und etwa 30 Minuten einweichen.

• Inzwischen den Wok erhitzen und die Sesamsamen darin ohne Fett unter Rühren anrösten, bis sie duften. Herausnehmen und beiseite stellen. Die Eier mit 1 Eßlöffel Sojasauce, 1 Teelöffel Sesamöl, 1 Prise Zucker, etwas Salz und Pfeffer verrühren. 2 Eßlöffel Öl im Wok erhitzen. Aus der Eiermasse bei schwacher Hitze zwei Omeletts backen. Herausnehmen und zugedeckt beiseite stellen.

• Das Gemüse waschen und putzen. Möhren und Bambussprossen streichholzfein stifteln. Lauch in Ringe, Spinat in Streifen schneiden. Zwiebeln und Knoblauch schälen. Die Zwiebeln in Ringe schneiden, den Knoblauch fein hacken. Die Chilischoten zerbröseln.

• Die Glasnudeln abgießen, abtropfen lassen und mit einer Schere in kürzere Stücke schneiden. Die Pilze abspülen, die zähen Teile entfernen, Pilze in Streifen schneiden. Omeletts aufrollen und in feine Streifen schneiden.

• Jeweils 1 Eßlöffel Öl im Wok erhitzen. Das Gemüse und die Pilze darin in 2–3 Portionen bei starker Hitze unter ständigem Rühren braten, dabei mit Salz, Pfeffer, etwas Zucker und Sojasauce würzen.

• Alles Gemüse, die Pilze, die Glasnudeln, den gerösteten Sesam und das übrige Sesamöl in den Wok geben und unter ständigem Wenden erhitzen. Mit Salz, Pfeffer und Sojasauce abschmecken. Die Omelettstreifen zum Schluß behutsam unterheben.

Pro Portion etwa: 1920 kJ/460 kcal

Zutaten für je 4 Personen

Safran-Gemüse-Reis
50 g Cashewkerne
1 Zimtstange
6 Kardamomkapseln
4 Gewürznelken
2 Lorbeerblätter
1 Möhre
1 Döschen Safran (0,2 g)
2 Eßl. Butterschmalz
250 g Basmatireis
1 Eßl. Rosinen
150 g tiefgekühlte Erbsen
1/2 l Gemüsebrühe
Salz
1 Teel. Zucker
1 Handvoll Spinatblätter
Pfeffer

Zubereitungszeit:
etwa 35 Minuten

Lauch-Ananas-Reis
300 g Lauch
450 g Ananas
3 Eßl. Öl
1 Eßl. Currypulver
1/4 l Gemüsebrühe
1 Prise Zucker
600 g gekochter Reis
(Grundrezept Seite 81)
Salz

Zubereitungszeit:
etwa 30 Minuten

Safran-Gemüse-Reis

Aus Indien • Im Bild

• Die Cashews grob hacken. Nüsse und Gewürze nacheinander im Wok ohne Fett rösten, bis sie duften. Herausnehmen und beiseitestellen. Die Möhre schälen und klein würfeln. Safran in 2 Eßlöffeln heißem Wasser auflösen.

• Das Butterschmalz im Wok erhitzen. Möhre und Reis darin kurz anbraten. Nüsse, Gewürze, Rosinen, Erbsen und Safran mitbraten. Mit Brühe ablöschen und mit Salz und Zucker würzen. Alles aufkochen lassen und zugedeckt bei schwächster Hitze etwa 10 Minuten garen.

• Inzwischen den Spinat putzen, waschen und in breite Streifen schneiden. Den Spinat unterheben und den Reis in etwa 10 Minuten fertiggaren, bis er weich ist und die Flüssigkeit aufgesaugt hat. Mit Salz und Pfeffer abschmecken.

Pro Portion etwa: 2130 kJ/510 kcal

Lauch-Ananas-Reis

Schnell • Scharf

• Den Lauch putzen, gründlich waschen und sehr schräg in etwa 1 1/2 cm große Stücke schneiden. Die Ananas schälen und würfeln.

• Den Wok und dann darin das Öl erhitzen. Den Lauch im Fett unter Rühren etwa 3 Minuten braten. Das Currypulver darüber stäuben und kurz anschwitzen. Brühe und Zucker dazugeben und alles bei starker Hitze etwa 2 Minuten kochen lassen.

• Den Reis und die Ananas in den Wok geben und unter Rühren heiß werden lassen, mit Salz abschmecken.

Pro Portion etwa: 1160 kJ/275 kcal

Zutaten für je 4 Personen

Gebratener Reis
1 Möhre · 1 Zwiebel
2 Knoblauchzehen
1 Stück frischer Ingwer (etwa haselnußgroß)
4 Frühlingszwiebeln
1 rote Paprikaschote
100 g Sojabohnensprossen
2 Eßl. Öl · 1 Eßl. Sesamöl
3 Eier · 3 Eßl. Sojasauce
Salz · Pfeffer
600 g gekochter Reis (Grundrezept Seite 81)
3 Eßl. Gemüsebrühe
1–2 Eßl. Zitronensaft
2 Eßl. Korianderblättchen (Asienladen)

Zubereitungszeit: etwa 30 Minuten

Kichererbsen-Reis
200 g getrocknete Kichererbsen
1 Bund Frühlingszwiebeln
300 g Zucchini
2–3 Eßl. Olivenöl · Salz
Paprikapulver · Pfeffer
250 g Langkornreis
3 Stengel Minze (oder Petersilie), feingehackt
3–4 Eßl. Zitronensaft

Zubereitungszeit: etwa 1 Stunde (+ Einweichzeit über Nacht)

Gebratener Reis auf chinesische Art

Im Bild • Preiswert

• Alles Gemüse waschen und putzen. Möhre, Zwiebel, Knoblauch und Ingwer schälen und sehr fein würfeln. Frühlingszwiebeln in Ringe, Paprikaschote streifig schneiden.

• Zuerst den Wok und dann darin je 1 Teelöffel der beiden Ölsorten erhitzen. Die Eier mit 1 Eßlöffel Sojasauce verrühren, in den Wok gießen, unter Rühren kurz stocken lassen, herausheben und warm stellen. Den Wok säubern.

• Übriges Öl im Wok erhitzen. Möhren, Zwiebel, Knoblauch und Ingwer einrühren, Paprika und Sprossen dazufügen. Alles bei starker Hitze etwa 2 Minuten pfannenrühren, salzen und pfeffern.

• Den Reis und die Frühlingszwiebeln dazugeben. Unter ständigem Rühren braten, bis alles heiß ist. Das Rührei locker unterheben, Reis mit übriger Sojasauce würzen, mit Brühe beträufeln und mit Zitronensaft abschmecken. Koriander unterheben.

Pro Portion etwa: 1505 kJ/360 kcal

Kichererbsen-Reis

Orientalisch • Raffiniert

• Am Vorabend die Kichererbsen mit Wasser bedeckt einweichen. Am nächsten Tag im Einweichwasser zugedeckt etwa 30 Minuten köcheln lassen.

• Inzwischen das Gemüse waschen und putzen. Von den Frühlingszwiebeln das Weiße in feine Scheiben, das Grün in etwa 3 cm lange Stücke schneiden. Zucchini würfeln. Die Kichererbsen abgießen, den Sud auffangen.

• Zuerst den Wok und dann darin das Öl erhitzen. Zwiebelgrün und Zucchini unter Rühren anbraten. Herausheben, salzen und pfeffern. Weiße Zwiebelringe im Bratfett glasig werden lassen. Mit Salz, Paprika, und Pfeffer würzen.

• Kichererbsen, Reis und $^1/_2$ l Kochwasser im Wok aufkochen und zugedeckt bei schwacher Hitze etwa 25 Minuten köcheln lassen. Zwiebeln und Zucchini mit heiß werden lassen. Abschmecken, mit Kräutern bestreuen und mit Zitronensaft beträufeln.

Pro Portion etwa: 2515 kJ/600 kcal

Zutaten für je 4 Personen

Orientalischer Reis
1/2 l Milch
125 g Milchreis
1 Prise Salz
2 Eßl. Zucker
je 40 g Orangeat und Zitronat
50 g gehackte Mandeln
2 Eßl. gehackte Pistazienkerne
2 Eßl. Butter
1 unbehandelte Zitrone
2 Eßl. Rosinen
2 Eßl. Orangenlikör (nach Belieben)
Minzeblättchen zum Garnieren

Zubereitungszeit: etwa 35 Minuten

Limettennudeln
150 g Bandnudeln
Salz
2 Limetten
200 g Physalis (Kapstachelbeeren)
1 Eßl. Butter
1 Teel. Ingwer, frisch gerieben
2 Eßl. Zucker
125 g Sahne

Zubereitungszeit: etwa 25 Minuten

Orientalischer Reis

Gelingt leicht • Raffiniert

• In einem Topf die Milch mit Reis, Salz und Zucker aufkochen und zugedeckt bei schwacher Hitze in etwa 20 Minuten ausquellen lassen. Inzwischen Orangeat und Zitronat fein hacken.

• Zuerst den Wok und dann darin bei mittlerer Hitze die Mandeln und Pistazien ohne Fett unter Rühren rösten, bis sie duften, herausnehmen.

• Die Butter in den Wok geben. Den gegarten Reis unter Rühren darin 2–3 Minuten braten. Die Zitrone heiß waschen, die Schale abreiben, den Saft auspressen. Orangeat, Zitronat, Mandeln, Pistazien, Zitronenschale, Rosinen und Likör unter den Reis mischen. Mit Zitronensaft abschmecken. Zum Servieren mit Minzeblättchen garnieren. Dazu paßt Aprikosen- oder Orangensauce (gibt's fertig zu kaufen).

Pro Portion etwa: 1800 kJ/430 kcal

Tip

Unter den fertigen Reis kleine Stückchen von frischem Obst mischen.

Limettennudeln mit Exoten

Raffiniert • Im Bild

• Die Nudeln in Salzwasser nach Anleitung bißfest garen.

• Die Limetten heiß waschen, abtrocknen und die Schale mit einem Zestenreißer in dünnen Streifen abziehen. Den Saft auspressen. Die Physalis behutsam aus den Hülsen lösen, waschen und halbieren.

• Zuerst den Wok und dann darin die Butter erhitzen. Den Ingwer im Fett kurz anbraten. Zucker darunterrühren, den Limettensaft und zum Schluß die Sahne angießen.

• Nudeln abtropfen lassen. Mit Physalis und der Hälfte der Limettenschale in der Sauce unter gelegentlichem Rühren heiß werden lassen. Mit restlicher Limettenschale bestreuen.

Pro Portion etwa: 1180 kJ/280 kcal

Tip

Unter die Sahnemischung noch 2–3 Eßlöffel Orangenlikör rühren.

Gemüse optimal einkaufen und vorbereiten

Vegetarisch kochen heißt auch, Gemüse mit dem größtmöglichen Gehalt an Inhaltsstoffen auf den Tisch zu bringen. Das sind nicht nur die Vitamine und Mineralstoffe sondern unter anderem auch die Ballaststoffe und die sekundären Pflanzenstoffe. Zu letzteren zählt eine Reihe natürlicher Substanzen wie Farbpigmente, Duft-, Aroma- und Geschmacksstoffe, die vor allem unsere Abwehrkräfte stärken und Körperenzyme aktivieren. Alles unterstützt sich gegenseitig in der Wirkung.

Die Grundlage für Genuß, Wohlbefinden und Fitneß liegt also schon im Einkauf. Wenn Sie also Gemüse frisch einkaufen und schonend vorbereiten (vor allem nicht geputzt liegenlassen und so kurz wie nötig garen), verlieren Sie möglichst wenig von den wertvollen Inhaltsstoffen.

Nur Qualität schmeckt

Auch wenn die meisten Gemüse- und Obstsorten fast ganzjährig verkauft werden, gibt es eine heimische Saison. Greifen Sie auf jeden Fall zu, wenn Regionales in seiner Haupterntezeit angeboten wird und aus kontrolliert-ökologischem Anbau stammt. Denn das garantiert die meisten Vitamine, die wenigsten Schadstoffe und den besten Preis. Aber auch sonst ist gute Qualität ein Muß; dazu gehören absolute Frische sowie optimale Reife und damit bestes Aroma. Außerhalb der Saison sind tiefgekühlte Gemüse zu empfehlen, denn die erntefrische Verarbeitung schont Vitamine.

Kurzfristig lagern

Frisches sollte zwar immer so bald wie möglich zubereitet werden, doch ab und zu kommt man nicht darum herum, auf Vorrat einzukaufen. Nach Sorten getrennt und luftig verpackt läßt sich alles – außer Tomaten und Auberginen, die die Kälte nicht mögen – im Gemüsefach des Kühlschranks gut 1–2 Tage aufheben.

Schnell waschen und putzen

Die Zutaten am besten ganz kurz vor der Zubereitung waschen, dann erst putzen und zerkleinern. Das Waschen sollte zügig passieren, damit nicht zu viele Inhaltsstoffe mit dem Wasser fortgeschwemmt werden. Darum auch bitte nichts in stehendem Wasser liegenlassen, immer gleich zum Abtropfen ins Sieb geben. Beim Putzen kommt der Satz »so viel wie nötig, aber so wenig wie möglich« voll zur Geltung. Denn je weniger weggeschnitten wird, desto mehr »Inhalt« bleibt Ihnen.

Und dann ab in den Wok

Fertig vorbereitetes Gemüse, also kleingeschnitten und gegebenenfalls blanchiert, sollte möglichst umgehend in den Wok wandern – das gilt natürlich ebenso für Pilze, Obst und Kräuter. Denn auch in Wartezeiten gehen durch Licht, Raumwärme und Sauerstoff Vitamine verloren. Im Wok ist dann alles gut aufgehoben, weil schnell und schonend gegart wird.

Schonend blanchieren

Durch das heiß-kalte, nur minutenkurze Wechselbad werden Gemüse und Obst ideal zum Garen vorbereitet: So läßt sich danach die Haut von Tomaten und reifen Pfirsichen gut abziehen, Mandeln können mühelos aus der Schale gedrückt werden. Blattgemüse und Kohl werden geschmeidig, so daß sie fürs Füllen gut formbar sind. Die Farben bleiben besser erhalten, Grünes leuchtet nach dem Tauchbad sogar mehr – besonders, wenn bei Bohnen, Erbsen, Broccoli, aber auch bei Rotkohl zum Blanchierwasser noch Essig kommt (2 Eßlöffel auf 1 Liter Wasser). Weißes Gemüse wie Blumenkohl oder Schwarzwurzeln bleibt mit Essig- oder Zitronensaftzusatz schön hell. Wenn Zutaten mit unterschiedlicher Garzeit gemeinsam zubereitet werden, läßt sich festes Gemüse durch Blanchieren so vorgaren, daß später alles gleichzeitig fertig ist.

Und so wird's gemacht: Das Gemüse putzen, waschen oder schälen. Je nach Verwendung im Rezept ganz lassen oder zerteilen. In einem großen Topf reichlich Wasser zum Kochen bringen. Auf 500 g Gemüse oder Obst rechnet man 5 Liter. Bei Gemüse je Liter etwa 1/2 Teelöffel Salz hinzufügen. Blanchiert wird grundsätzlich im offenen Topf. Größere Mengen immer nur in kleinen Portionen nacheinander in das sprudelnd kochende Wasser geben, sonst kühlt es zu sehr ab. Danach Gemüse oder Obst mit einem Schaumlöffel herausheben und sofort in Eiswasser (kaltes Wasser, das mit Eiswürfeln gekühlt ist) tauchen. Nach kurzer Abkühlzeit in ein Sieb füllen und gut abtropfen lassen.

Die Blanchierzeit ist abhängig von der Sorte, der Frische, der Struktur und der Größe des jeweiligen Gemüses. Die Zeit gilt immer ab dem Moment, wo das Wasser samt der Zutat wieder zu kochen beginnt. Als Faustregel gilt:

Blumenkohlröschen	*2–3 Minuten*
Erbsen	*2 Minuten*
Fenchelviertel	*8–10 Minuten*
Bohnen, Dicke	*2–3 Minuten*
Bohnen, grün	*3–4 Minuten*
Grünkohlblätter	*5 Minuten*
Knollensellerie, gewürfelt	*2 Minuten*
Kohlrabischeiben	*2–3 Minuten*
Lauchstücke	*3–4 Minuten*
Baby-Maiskolben, frische	*2–3 Minuten*
Möhren, ganz	*10–15 Minuten*
Möhrenscheiben	*2–3 Minuten*
Rosenkohl	*3–4 Minuten*
Rotkohlblätter	*5 Minuten*
Schwarzwurzeln	*5–7 Minuten*
Sojasprossen	*30 Sekunden*
Spinat (Sommer-)	*10 Sekunden*
Spinat (Winter-)	*30 Sekunden*
Spitzkohlblätter	*3 Minuten*
Tomaten	*3 Sekunden*
Weißkohlblätter	*5 Minuten*
Wirsingblätter	*4 Minuten*
Zuckererbsen	*2 Minuten*

Der perfekte Schnitt

Das Garen im Wok ist deshalb so einfach und schnell, weil alle Zutaten kleingeschnitten bereitstehen. In China werden die Gemüse mit meisterhafter Sorgfalt geschnitten, damit alles gleichmäßig gart, sich die Aromen optimal verbinden und natürlich auch ein größtmöglicher Genuß fürs Auge entsteht. Wichtig dabei ist die richtige Schnitt-Technik. Jedes Gemüse hat einen anderen Charakter, es ist Wurzel, Blatt oder Frucht, außerdem zart oder fest. Grundsätzlich gilt: Je zarter die Struktur der Zutat (beispielsweise von Pilzen, Zucchini und Lauch) ist, um so größer dürfen die Stücke sein. Ist die Struktur fest (wie von Wurzelgemüse, Kartoffeln), müssen die Stücke um so kleiner sein.

Gutes Küchenwerkzeug

Perfekt (und mit etwas Übung auch schnell) schneiden können Sie nur mit einem großen scharfen Messer mit breiter Klinge. Gute Messer sind nicht billig, aber wie für Töpfe und Pfannen gilt auch für Messer: Qualität lohnt sich.
Sie können Gemüse auch mit einem chinesischen Küchenbeil schneiden. Im Umgang damit lassen sich erstaunliche Fähigkeiten entwickeln, vom groben Hacken bis zu filigranen Streifen ist alles machbar. Ein großes Schneidebrett ist ebenfalls nötig, das absolut rutschfest auf der Arbeitsfläche liegen muß.

Schnitt-Technik: Scheiben

Alle Scheiben sollten möglichst die gleiche Stärke haben. Besonders hübsch sehen schräge Scheiben aus. Bei festem Gemüse wie Möhren, Knollensellerie, Kohlrabi oder Gurken geht das am besten auf einem Gemüsehobel. Nach Bedarf große Scheiben zusätzlich auf eine

»gabel- oder stäbchengerechte« Größe bringen. Bei Pilzen werden zunächst die Stiele entfernt und dann die Hüte quer in Scheiben geschnitten. Würzende Zutaten wie Knoblauch und Ingwer grundsätzlich in hauchfeine Scheiben schneiden.

Schnitt-Technik: Streifen

Gemüse mit fester Struktur zunächst in dünne oder dickere Scheiben hobeln. Alle anderen Sorten werden mit dem Messer geschnitten. Dann jeweils ein paar Scheiben übereinander legen und gleichmäßig in streichholzdicke Streifen schneiden. Die Streifen von Paprikaschoten werden feiner, wenn Sie die geputzten Paprikaviertel einmal quer halbieren. Blattgemüse, Kohl oder Lauch wird auch oft in 1–2 cm breite Streifen geschnitten.

Schnitt-Technik: Feinhacken

Das Gemüse oder würzende Zutaten wie Knoblauch, Ingwer und Chilischoten zuerst in möglichst dünne Scheiben, anschließend in ebenso zarte Streifen schneiden. Hier gilt: Je feiner Scheiben und Streifen sind, desto winziger kann man schließlich hacken. Nun die Streifen portionsweise als Bündel packen und fein hacken.

Schnitt-Technik: Würfeln

Besonders hier gilt der Grundsatz, daß festere Strukturen kleiner gewürfelt werden als zartere. Broccoliröschen können doppelt so groß sein wie Würfel der festeren Stiele. Zum Würfeln das Gemüse zuerst in Scheiben der gewünschten Würfelstärke, anschließend längs in Streifen und zuletzt quer in Würfel schneiden

REGISTER

IMPRESSUM

Redaktion: Christine Wehling
Lektorat: Adelheid Schmidt-Thomé
Layout, Typographie und Umschlaggestaltung: H.-J. Beckers
Fotos: H.-J. Beckers
Foodstyling: Stephan Fladung
Grafiken: H.-J. Beckers
Herstellung: Ina Hochbach
Satz: Filmsatz Schröter, München
Reproduktion: Penta, München
Druck: Appl, Wemding
Bindung: Monheim

ISBN 3-7742-2245-2

Auflage	5.	4.	3.	2.	1.
Jahr	04	03	02	01	00

Dankeschön an:
Firma Behaghel, Frankfurt/Main, für zur Verfügung gestellte Requisiten

Marlisa Szwillus
Aus der Liebe zum Kochen und der Freude am Essen wurde Berufung. Nach dem erfolgreichen Abschluß des Oecotrophologie-Studiums und anschließender Tätigkeit in der Redaktion einer renommierten Frauenzeitschrift leitete sie mehrere Jahre lang das Kochressort der größten europäischen Food-Zeitschrift. Sie arbeitet seit 1993 freiberuflich als Fachjournalistin und Buchautorin in München. Sie ist Mitglied des Food-Editors-Clubs Deutschland und verknüpft als Expertin in ihren aktuellen Themen stets die gesunde Ernährung mit dem kulinarischen Genuß.

Heinz-Josef Beckers studierte Kommunikations-Design an der Universität Essen GHS (Folkwang). In der Nähe von Frankfurt am Main betreibt er ein Atelier für Fotografie und Gestaltung. Food-, Stillife- und experimentelle Fotografie zählen ebenso zu seinem Tätigkeitsfeld wie die konzeptionelle und grafische Arbeit für Firmen, Verlage und Agenturen.